"十二五"职业教育国家规划教材
经全国职业教育教材审定委员会审定

总顾问◎皮细庚
总主编◎张厚泉　副总主编◎吕雷宁

新实用 职业日语
综合教程·学生用书

本册主编◎张厚泉
本册副主编◎吕雷宁

1

第 2 版

华东师范大学出版社
·上海·

图书在版编目(CIP)数据

新实用职业日语综合教程学生用书.1/张厚泉主编.
—2版.—上海:华东师范大学出版社,2023
ISBN 978-7-5760-4661-8

Ⅰ.①新… Ⅱ.①张… Ⅲ.①日语-高等职业教育-教材 Ⅳ.①H36

中国国家版本馆CIP数据核字(2024)第025341号

新实用职业日语 综合教程 学生用书1(第二版)

主　　编	张厚泉
责任编辑	孔　凡
装帧设计	俞　越

出版发行	华东师范大学出版社
社　　址	上海市中山北路3663号 邮编 200062
网　　址	www.ecnupress.com.cn
电　　话	021-60821666 行政传真 021-62572105
客服电话	021-62865537 门市(邮购)电话 021-62869887
地　　址	上海市中山北路3663号华东师范大学校内先锋路口
网　　店	http://hdsdcbs.tmall.com

印刷者	常熟高专印刷有限公司
开　　本	787毫米×1092毫米 1/16
印　　张	13.25
字　　数	220千字
版　　次	2024年7月第1版
印　　次	2024年7月第1次
书　　号	ISBN 978-7-5760-4661-8
定　　价	39.00元

出版人 王　焰

(如发现本版图书有印订质量问题,请寄回本社客服中心调换或电话021-62865537联系)

新实用职业日语 综合教程
学生用书1(第二版)

总 顾 问　皮细庚

总 主 编　张厚泉

副总主编　吕雷宁

本 册 主 编　张厚泉

本册副主编　吕雷宁

总序

党的十八大以来,以习近平同志为核心的党中央把职业教育摆在了前所未有的突出位置。国务院《国家职业教育改革实施方案》(国发〔2019〕4号)指出,职业教育和普通教育是两种不同的教育类型,具有同等重要地位。《国家职业教育改革实施方案》的总体要求与目标是,以习近平新时代中国特色社会主义思想为指导,把职业教育摆在教育改革创新和经济社会发展中更加突出的位置。牢固树立新发展理念,服务建设现代化经济体系和实现更高质量更充分就业需要,对接科技发展趋势和市场需求,完善职业教育和培训体系,优化学校、专业布局,深化办学体制改革和育人机制改革,以促进就业和适应产业发展需求为导向,鼓励和支持社会各界特别是企业积极支持职业教育,着力培养高素质劳动者和技术技能人才。本教材是高职日语精读系列教材,根据国家对高职院校的战略定位,按照国务院发布的《国家职业教育改革实施方案》的改革要求,在"'十二五'职业教育国家规划教材"审定的基础上,针对当前高职学生的学习特点进行了第二版修订。

本次修订适应了数字化时代的发展趋势,同时制作了数字版本教材。结合高职学生的特点和就业岗位群的要求,采取句型编写法,即遴选出要求高职学生掌握的语法项目和句型,根据难易程度排序,并在此基础上配置难易程度相当的词语编写课文和会话;词汇选用注重商务、科技、旅游类的词语,并保持循序渐进的递增;文章选用上亦注重题材的多样性。场景突出真实性和实用性,语法和词语讲解简明易懂、清晰明快,符合并能够满足高职院校学生的实际需要。

本教材在编写过程中充分考虑到学习过程的输入与输出、语言与文化、知识与能力素养、个人与社会、历史与现实、理科与人文的多维交叉和相互渗透。整套教材不仅蕴含了丰富的日语语言资源与文化信息,还精选了学校生活、中日文化交流、商务日语等各类实际语境材料,与时俱进,提供了最新的日本社会世情、人文生活信息。

编写组全体人员和华东师范大学出版社寄希望本教材能够起到全国高职院校的日语核心课程教材的示范作用,对促进我国高等职业教育的日语教学的教材建设和课程建设、切实提高我国日语职业教育人才的质量起到积极的推动作用。

上海外国语大学教授、博导　皮细庚

使用说明

● **教材定位**

本系列教材是按照国务院发布的《国家职业教育改革实施方案》(国发〔2019〕4号)的最新要求、根据国家对高职院校的战略定位、针对高职学生的培养要求和特点编写的高职日语精读教材。

● **编委会**

根据国务院发布的《国家职业教育改革实施方案》(国发〔2019〕4号)的最新要求,本教材编委会本着跨区域、跨学校联合编写教材的精神,坚持行业指导、企业参与、校企合作的教材开发机制,以上海、北京等地高校、高职高专的日语教材专家、与日语用人单位密切相关的跨国公司人员为主,共同组成了编写组,为编写出符合教育部要求的高质量教材提供了保障。

总顾问

皮细庚(上海外国语大学教授、博士生导师)

总主编

张厚泉(上海财经大学教授、东京大学访问研究员、博士)

副总主编

吕雷宁(上海财经大学副教授、关西学院大学客座教授、博士)

编委会成员

中方

    皮细庚   上海外国语大学教授、博导

    张厚泉   上海财经大学教授、东京大学访问研究员、博士

    吕雷宁   上海财经大学副教授、关西学院大学客座教授、博士

孔繁志　首都师范大学教授、博士

孙　伟　首都师范大学副教授、博士

日方

小林　孝郎　　拓殖大学（日）教授

野元千寿子　原立命館アジア太平洋大学（日）教授

吉田　修作　原卡西欧上海贸易有限公司　总经理

● 编写说明

本系列教材课文的框架、情节、场景、语法点由总主编会同各册主要编写人员设计，课文和会话的初稿由中日双方的日语专家共同编写或改编，并由总顾问、总主编、副总主编根据高职日语专业教学大纲调整、修改。

本套教材在充分考虑到高职高专的教学培养目标、学习对象的特点、理论与时间的课时比例、教学课时数等基本情况之外，具有以下特点。

教材由学生用书、教师用书、练习与测试三个系列各 2 册对应组成，打造了一个学生学习、教师传授、练习巩固的综合性立体平台。

近年，日语教材越编越厚，高等院校的日语教材几乎与职业教育的教材几无区别，失去了高等教育、职业教育教材应有的定位和特色。本套教材在还原高职日语专业教材以本色方面做出了较大的努力。

1. 学生用书

在框架设计上，主要注重编选跨文化比较的知识点。在设计故事情节、场景设置、语言的自然运用等方面，尽量选编贴近高职学生的生活和兴趣点的话题，反映了时代变化，如目前中国和日本两国使用范围很广的"社交平台""智能手机"等。

初级第二册增加了"短文阅读"，在内容方面，选编既有深度又有广度，充满积极向上的人生观、价值观、工作观的文章，以帮助学生平稳过渡到实习、工作阶段。

传统的语法和词语的解释则部分放进"教师用书"里，力求减轻学生学习负担。

2. 教师用书

对每课的教学目标、语法与词汇等知识要点、教学建议、补充资料、教学安排等，提供具有教案

功能的建议、参考答案及译文,为教师提供教学抓手。

3. 练习与测试

供学生课堂上补充练习或课堂外自测使用,单册内有综合测试,可供教师考试出题时参考。题型编写时我们注重:

- 结合"高职高专日语专业教学大纲"培养要求,设计应用型练习·测试题型;
- 结合日本语能力考试(JLPT)出题标准考试题型,设计模拟测试题型;
- 结合实用日语考试(J. TEST)出题标准和考试题型,设计模拟测试题型。

4. 配套音频、教学课件以及数字化版本教材

本套综合教程配套音频、教学课件以及数字化版本教材,为教师提供专业的教学支撑服务。

● 编写特色

高等职业教育的课程目标是全面贯彻党的教育方针,培育和践行社会主义核心价值观,落实立德树人的根本任务,培养具有中国情怀、国际视野,能够在日常生活和职场中用日语进行有效沟通的高素质技术技能人才。本教材在党的教育方针的指引下,在编写方面具有以下特色:

1. 场景设置

以现代艺术、时尚设计为主线,设置了时尚、艺术、动漫、社交媒体、娱乐设施、建筑、交通、餐饮、体育等场景,尤其是职场文化和企业文化,是学生形成跨文化交际能力、坚定文化自信的基石。通过故事情节和场景的设置,使学生自然而然在故事场景中,正确理解和掌握语法要点和词语,在跨文化比较的语境里形成语言交际能力、传播本国文化的能力,从而达到能够自然地运用日语进行交流、从事相关职业的工作目的。

2. 语法学习

以传统的"学校语法"为基础,兼顾介绍日本对外日语教学的语法术语。在语法学习方面,从比较文化角度寻找跨文化的差异点,并将其在适当的场景中自然地反映到语法学习中去。如:在学习初级语法的「V(て形)からV」的时候,是「朝ご飯を食べてから歯を磨く」,还是「歯を磨いてから朝ご飯を食べる」,反映了中日两国民众完全不同的思维和生活习惯。如果只是「朝ご飯を食べてから学校へ行く」之类的话,就无法反映多文化的差异。中级教材亦贯彻了此项宗旨,使学生在学习语法知识点的同时,理解并掌握跨文化知识,达到提高学生的跨文化交际能力、进而提高传

播本国文化的日语能力的教学目的。

3. 词汇学习

日语"学校语法"最重要的概念是"文节",所谓"文节",是指自立词(名词、动词等)与后续的助词组成的发音单位。日语语法中有"句法论"和"词汇论"之分,本套教材从语言学习的角度考虑,不仅对词义进行解释,针对有一定使用难度的词语还从"词汇论"的角度,即词是如何构成"文节"的角度,通过课文和练习的例句对词的实际使用时的搭配进行讲解。

4. 结合日语能力考试

从高职高专的特点出发,在达到教育部《高等职业学校专业教学标准》要求的基础上,注重国家人力资源和社会保障部的职业日语考试的要求,兼顾了日本语能力测试、实用日语考试出题标准和考试形式。

《新实用职业日语 综合教程(1)》(第二版)
学生用书

● **本书的使用方法**

　　日本国内针对日本国民的国语教学通常使用"学校语法"体系。而对外国人的日语教学则使用针对外国人教学的语法术语。中国国内编写的日语教材两者均有。

　　本书原则上采用日本国语教学的"学校语法"体系。在课文或语法解释时，适当吸收现代日语教学语法术语。例如，"学校语法"中的"动词活用"概念，在现代日语教学中多使用"动词变化"这一术语。因为有时使用现代日语教学术语更为直观和方便，如："连用形"有多种形式，所以在解释具体动词的变化时，有时还是使用「マス形」「タ形」「テ形」更加通俗易懂。

　　为方便大家的学习，现将两者的主要区别，列表归纳如下：

一、词的分类・省略表示・语法术语

1. 词类的表示方法

本书术语	学校语法	日语教学语法
● 词类前置()内为简称		
（名）一般名词	名詞	名詞
（专）专用名词	固有名詞	固有名詞
（代）代词	代名詞	代名詞
（动）动词	動詞	動詞
（形）形容词	形容詞	イ形容詞，一类形容詞
（形动）形容动词	形容動詞	ナ形容詞，二类形容詞
（副）副词	副詞	副詞
（连体）连体词	連体詞	連体詞

续表

本书术语	学校语法	日语教学语法
（叹）感叹词	感動詞	感動詞
（接）接续词	接続詞	接続詞
（助）助词	助詞	助詞
（助动）助动词	助動詞	助動詞
● 动词的分类		
（五）五段动词	五段動詞	一類動詞
（一）一段动词	一段動詞	二類動詞
（サ）サ变动词	サ変動詞	サ変動詞
（カ）カ变动词	カ変動詞	カ変動詞
（自）自动词	自動詞	自動詞
（他）他动词	他動詞	他動詞
● 动词的活用	動詞の活用	動詞の変化
未然形	未然形	ナイ形,意志形
连用形	連用形	マス形,タ形,テ形
终止形(基本形)	終止形(基本形)	辞書形
连体形	連体形	辞書形
假定形	仮定形	条件形
命令形	命令形	命令形

2. 动词形态

可能形	可能態	可能形
被动形	受動態	受動形
使役形	使役態	使役形
使役被动形	使役受動態	使役受動形
自发形	自発態	自発形

3. 敬语

尊敬语	尊敬語	いらっしゃる おっしゃる,なさる

续表

谦让语	謙譲語	伺う,申し上げる 参る
敬重语	丁寧語	です,ます,ございます

4. 文体

敬体	敬体	です・ます調
简体	常体	だ・である調

5. 符号

、	逗号
。	句号
—	高音
——	表示回答
～	表示省略
/	表示可置换部分,如"～あります/います"
[ ]	表示指定范畴
( )	表示译文,或表示添加
◆	提示例句

● 词的声调

汉语的汉字音节里有声调的变化,而日语则是通过音节之间的声调高低表达词义的,声调有两个重要规则。即:

(1) 词的第一个音节和第二个音节的音高一定不同。第一个音节低,第二个就高;第一个音节高,第二个就低。如:

　　はな(花),ちきゅう(地球),でんとう(伝統)

　　そと(外面),せかい(世界),ぶんか(文化)

(2) 一个词的声调中,或没有下降,或只有一处下降。如:

　　さかな(魚),ちゅうごく(中国),たてもの(建物)

由于日语的这一声调特征,日本人一听到声调下降,就会感到一个单词说完了。

a. もうしました。((我)已经干完了。)

b. もうしました。((我)说了。)

上例a和b是相同的句子，但a有2个声调核，"もう(已经)"下降了一次，是一个词，与后面的"しました(干完了)"结合，是两个词组成的句子。"もう(已经)～しました(干完了)"。而b只有1个声调核，下降的地方只有一处，是一个词。由此可见，单词的声调在区别句子意思时，发挥着重要作用。

声调从高变低前的最后一个高声调称为"声调核"，例如"たてもの"的声调核就在"て"的位置。此外，第一个声调为低其余的声调都为高的词，因为没有下降的部分，所以也称作平板型或"無核型"。例如"わたし"就是无核型。

日语声调的表达方式主要有用黑白圆圈表示的"丸式"、用H和L分别表示高音和低音的"HL式"、在高音上方用横线表示的"线式"、用数字表示单词第几个假名后面声音会下降的"数字式"等。此外，还有用粗体字或红色表示高音的方式。

以名词为例，声调可分为四种类型。由于后续助词时有些词声调下降，有些不下降，所以，用后续助词"が"为例加以说明。

(1) 平板型：第一个音节低，后面的都高。

(2) 头高型：第一个音节高，后面的都低。

(3) 中高型：第一个音节低，在第二个之后的某个音节降下来。

(4) 尾高型：第一个音节低，然后一直高到最后，在接助词的地方降下来。

用数字符号可以表示如下：

⓪型：第一拍低，其他各拍都高。

①型：第一拍高，以下各拍都低。

②型：第二拍高，第一拍和第三拍以下各拍都低。

③型：第二拍、第三拍高，第一拍和第四拍以下各拍都低。

④型：第二拍至第四拍高，第一拍和第五拍以下各拍都低。

⑤型：第二拍至第五拍高，第一拍和第六拍以下各拍都低。

⑥、⑦型及以上各型的声调依次类推。

本教材第1、第2课的发音部分采用直观的粗体字表示高音的方式，第3课后采用数字式。日

语词典为节省篇幅,多采用数字式标注声调。为便于学习,下表用"丸式"与"数字式"相结合的方式,说明两者的对应关系。表中的●表示高音,○表示低音。◎表示后续助词"が"的声调。

拍数＼声调	⓪	①	②	③	④	⑤
1	◎ ○ き 気	● ◎ き 木				
2	●◎ ○ かぜ 風	● ○◎ そと 外	● ○◎ やま 山			
3	●●◎ ○ わたし 私	● ○○◎ かぞく 家族	● ○ ○◎ おかし お菓子	●● ○ ○ おとこ 男		
4	●●●◎ ○ ともだち 友達	● ○○○◎ おんがく 音楽	● ○ ○○◎ くだもの 果物	●● ○ ○◎ ひらがな 平仮名	●●● ○ ◎ おとうと 弟	
5	●●●●◎ ○ だいどころ 台所	● ○○○○◎ チューリップ	● ○ ○○○◎ おねえさん (お姉さん)	●● ○ ○○◎ ものがたり 物語	●●● ○ ○◎ かいはつぶ 開発部	●●●● ○ ◎ さんばんめ 三番目

前言

日语里有很多汉字，所以，很多人认为日语是一门与汉语非常相近的语言。与此相反，也有许多人认为日语是一门非常难于掌握的语言。

那么，日语到底难不难呢？它和汉语到底是否相似呢？带着这个问题，让我们来一起了解有关日语的基本知识。

1. 日语的发音　日语语音结构非常简单，只有5个单元音，全部音节仅112个左右，远远少于汉语和英语。换言之，只要掌握了这112个左右的音节，也就基本上掌握了日语的全部发音。这就是日语比较容易入门的主要原因。

2. 日语的文字　日语的文字体系由汉字、平假名、片假名、罗马字和阿拉伯数字5种文字构成。大约在5、6世纪，汉字最先成为记录日本语言的文字媒介。直至明治初期，在这1300年左右的历史时期中，汉字和汉文一直是日本民族记录其语言的正式载体。因此，汉字在日本也被称为"真名"。1981年，日本以内阁告示的形式公布了《常用漢字表》。作为日本国民汉字使用的参考，《常用漢字表》以明朝体的形式明确规范了1945个汉字的读音（音读和训读）和词例。2010年10月1日，又颁布了《改定常用漢字表》(2136字)。日本新闻协会则可以根据新闻报道的实际需要，在常用汉字表的基础上进行适度的调整。因此，常用汉字、新闻汉字、人名汉字等，构成了现代日语汉字的主体。即便如此，日语汉字也比汉语常用汉字3500字要少1000字左右。

日语汉字的发音有"音読（音读）"和"訓読（训读）"两种。所谓"音读"是指中国汉字的古代发音；所谓"训读"则是指与汉字的字义相对应的日语固有词语的发音。日语的汉字虽然来自中国，但是，自上世纪中叶起，中日两国政府都对汉字进行了一系列的改革和整理。由于两国文字改革

方针的不同,汉字简化的方向和常用汉字的字数也不尽相同,加之日语里还有诸如"辻""峠"等日本民族创造的"国字",因此,我们在学习日语的汉字时,不能想当然地从汉字的形声义的角度去理解,而应该从日语汉字的"音训"角度逐字学习并掌握。

对于外国人应掌握的汉字数量,新日语能力考试没有公布出题标准。原日语能力考试的《日本語能力試験出題基準(改訂版)》(国际交流基金 2002 年)规定,4 级为 100 字(相当于 N5),3 级为 300 字(N4),2 级为 1000 字(N3—N2),1 级为 2000 多字(N1)。

日语假名是相对汉字这一"真名"而言的,有"平假名"和"片假名"两种。

在平安时代(794—1185 年)中叶之前,日本民族在使用汉字和汉语的过程中,在汉字草体的基础上创造出了平假名。平假名多由女性使用,因此也叫"女手","平"即通俗易懂的意思。如:"あ"源自汉字"安"的草书体。平假名作为日语"汉字假名混交文体"的载体,与汉字一起构成了现代日语文字的重要部分。

汉　字	安	以	宇	衣	於
平假名	あ	い	う	え	お

片假名也初创于平安时代,是日本民族在阅读汉文的过程中,利用汉字的偏旁部首作为汉文训读的记号发展起来的文字。"片"即部分、不完整的意思。如:"ア"源自汉字"阿"的偏旁。片假名在现代日语中,多用于表示外来词和拟声、拟态词。

汉　字	阿	伊	宇	江	於
片假名	ア	イ	ウ	エ	オ

除了汉字和假名之外,罗马字也是日语文字的组成部分之一。日语的罗马字拼写方式有标准式(Hepburn 式)、日本式、训令式三种。1954 年,日本以内阁告示的形式发布了《罗马字的拼写方法(第 1 表)(第 2 表)》,对罗马字的拼写作了统一规定。但是,在社会日常生活中,如道路标识、护照姓名等表达,日本仍然以标准式(Hepburn 式)为主。

3. 日语的词汇　　根据词的来源,日语词汇可以分为"和词""汉字词""外来词"及"混合词"四种。其中,"和词"是日语的固有词汇,而"汉字词""外来词"则是其他语言的借用词。以最常用的《例解国語辞典》(1956 年)为例,和词和汉字词的比例分别为 36.6% 和 53.6%,汉字词的比例远远

超出了和词。之后，日本国立国语研究所在1962年对90种杂志用词进行了调查研究，得出了和词占36.7%，汉字词占47.5%、外来词占近10%的结论。

日语词汇量相当大。《日本語能力試験出題基準(改訂版)》要求，4级水平应掌握800词(N5)，3级水平应掌握1500词(N4)，2级为6000词(N3—N2)，1级为10000词(N1)。同样掌握1000个单词，英语和法语可以理解80%左右，而日语只能理解60%。要想理解91.7%，日语必须掌握10000单词以上，这对学习者来说是一个不小的负担。

4. 日语的语法 日语属于黏着语言。在语法方面，日语的句子按照"主语-修饰语-动词（或形容词）"的词序构成，修饰语在前，被修饰语在后。在句中，名词与动词的关系和作用不是由名词在句子中的位置决定的，而是由名词后面的不同助词而定的。

《日本語能力試験出題基準(改訂版)》对各级别语法项目和句型的大致要求为N5级49项，N4级110项，N3级、N2级、N1级各100项左右（原2级170项，1级99项）。因此，有针对性地正确理解和掌握语法知识和句型，对提高听说读写等日语的运用能力具有非常重要的作用。

5. 五十音图 日语的文章排版和古代汉语一样，是竖排的。现代日语的教科书及新闻杂志也仍然以竖排为主。因此，五十音图的纵列称为"行"，共十行；横排则称为"段"，共五段。"あ"行元音[a][i][ɯ][e][o]，与辅音[k][s][t][n][h][m][j][r][w]结合，构成"か、さ、た、な、は、ま、や、ら、わ"行，加上元音行共十行。五段十行的假名表构成了日语的五十音图。但是，"ん"是特殊的"拨音"，不是清音，只是为了方便而列在表内最后的位置。尽管有些假名随着时代的变化而退出了现代日语的假名文字系统，目前只有45个清音，但是习惯上仍然称其为五十音图。

● 書き順五十音図（ひらがな）

わ	ら	や	ま	は	な	た	さ	か	あ
	り		み	ひ	に	ち	し	き	い
を	る	ゆ	む	ふ	ぬ	つ	す	く	う
	れ		め	へ	ね	て	せ	け	え
ん	ろ	よ	も	ほ	の	と	そ	こ	お

● 書き順五十音図（カタカナ）

ワ	ラ	ヤ	マ	ハ	ナ	タ	サ	カ	ア
	リ		ミ	ヒ	ニ	チ	シ	キ	イ
ヲ	ル	ユ	ム	フ	ヌ	ツ	ス	ク	ウ
	レ		メ	ヘ	ネ	テ	セ	ケ	エ
ン	ロ	ヨ	モ	ホ	ノ	ト	ソ	コ	オ

出场人物

第一册

王 仙娥 <small>おう せん が</small>	30代女性、川南外語工商職業学院　日本語教師	
劉 晶晶 <small>りゅう しょう しょう</small>	18歳女子大生、川南外語工商職業学院　日本語学科学生　日本語技能コンテスト優勝者	
李 強 <small>り きょう</small>	18歳男子大学生、黄島職業技術学院　日本語学科学生　日本語技能コンテスト優勝者	
孫さん、張さん、高さん <small>そん　ちょう　こう</small>	訪問団のメンバーで、日本語技能コンテスト優勝者	
橋本 徹 <small>はしもと とおる</small>	30代男性、東京モダン芸術学院（TM学院）　国際センター　事務職員	
吉本 来未 <small>よしもと く み</small>	30代女性、東京モダン芸術学院　ファッションデザイン科　講師	
藤原 拓也 <small>ふじわら たくや</small>	10代男性、東京モダン芸術学院　ファッションデザイン科　学生	
上原 優子 <small>うえはら ゆうこ</small>	10代女性、東京モダン芸術学院　ファッションデザイン科　学生	
鈴木 一郎 <small>すずき いちろう</small>	60代男性、ホームステイ先のホスト	
鈴木 真紀子 <small>すずき まきこ</small>	50代女性、鈴木一郎氏の奥さん	
鈴木 美咲 <small>すずき みさき</small>	20代女性、鈴木一郎氏の長女	
鈴木 翔太 <small>すずき しょうた</small>	20代男性、鈴木一郎氏の長男	

第二册

黄さん　20歳女子大生、川南外語工商職業学院　日本語学科3年生
<small>こう</small>

金さん　18歳女子大生、川南外語工商職業学院　日本語学科1年生
<small>きん</small>

主要内容

　　刘晶晶等 5 位学生在日语技能比赛中脱颖而出。获奖学生在川南外国工商职业学院王仙娥老师的带领下来到日本考察。考察团首先访问了东京时尚艺术学院,并参观了天空树、秋叶原和迪斯尼乐园。考察期间,中日两国的师生交流了在学习和生活中遇到的文化差异,以及汉字在学习日语过程中所起到的作用等话题。

目次

第1課　仮名の発音と単語　清音　あ行〜わ行　特殊音 …………………………………… 1

第2課　仮名の発音と単語　濁音・半濁音　拗音　外来語発音 ………………………… 14

第3課　わたしは　王仙娥です ………………………………………………………………… 25

第4課　これは　カード・キーです …………………………………………………………… 35

第5課　東京モダン芸術学院は　新宿に　あります ………………………………………… 45

第6課　食堂は　11時から　14時までです ………………………………………………… 57

第7課　上原さんは　いつも　図書館で　勉強を　します ………………………………… 68

第8課　鈴木さんは　劉さんたちに　だるまを　あげました ……………………………… 80

第9課　スカイツリーは　高いですね ………………………………………………………… 94

第10課　豚カツ定食は　安くて　おいしいです …………………………………………… 104

第11課　秋葉原は　昔　電気街で　有名でした …………………………………………… 114

第12課　明日は　日曜日ですから、混むでしょう ………………………………………… 125

第13課　劉さん、左側に　乗って　ください ……………………………………………… 135

第14課　ディズニーランドへ　行きましょう ……………………………………………… 146

第15課　漢字は　易しいですが、かなは　難しいです …………………………………… 157

词汇表 …………………………………………………………………………………………… 172

扩展単词 ………………………………………………………………………………………… 178

语法表 …………………………………………………………………………………………… 182

第1課
仮名の発音と単語

清音 あ行〜わ行 特殊音

> 日语五十音图表的纵列称为"行"，共有 10 行。元音「あ」「い」「う」「え」「お」为第一行，而以「あ」「い」「う」「え」「お」起首的横排则称为"段"，共有五段。

1 あ行母音

日本通常以东京地区的方言为标准音。东京方言共有 5 个元音，分别是：

/a/　/i/　/u/　　/e/　/o/

其发音分别为：　　[a]　[i]　[u]/[ɯ]　[e]　[o]

用罗马字表示，即：　a　　i　　u　　　e　　o

元音「あ」「い」「う」「え」「お」是日语语音的基础单位，日语的其他发音都是通过辅音与这五个元音搭配而成。换言之，日语以元音结尾，发音非常简单。但是，元音发音需要注意以下几点：

「あ」「い」「う」「え」「お」五个元音，特别要引起注意的是「う」的口型。

「う」与汉语中的[u]音不同，不是圆唇元音。发「う」音时，双唇要略微往两边拉开。另外，日语的每个假名的发音时间基本相等，这种发音时长等同的时间观念称为"拍"。所以，发「え」「お」时，注意不要受汉语双元音的影响，不能发成[ei]和[ou]。

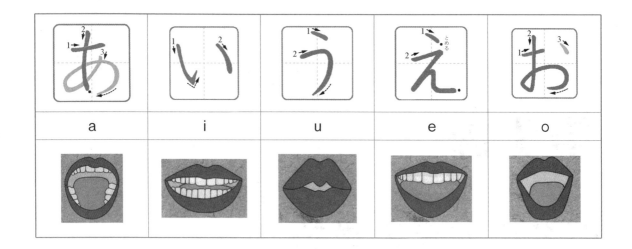

使ってみよう

読み/表記	品詞/意味	
あい（愛）	[名]	爱
あう（会う）	[动]	见，见面
いい（良い）	[形]	好的
いえ（家）	[名]	家
うえ（上）	[名]	上面
え（絵）	[名]	图画
いいえ	[叹]	不，不是
おい（甥）	[名]	外甥，侄子

正如前言所述，日语的文字系统由汉字、平假名、片假名、罗马字等组成，一般文章使用汉字·平假名混合文体，平假名的使用机会较多，片假名主要用来表达外来词或日本式的形似外来词。

日本小学的国语教育为了减轻小学生的负担，通常先学平假名、后学片假名。而本教材因为是针对高等职业教育的教材，不存在这个问题，因此，本教材采用平假名·片假名平行学习的方式。

使ってみよう

読み/表記	品詞/意味	
アイ（eye）	[名]	眼睛
エア（air）	[名]	空气

五十音图除了「あ」行的5个元音之外，其他9行分别是由辅音"k、s、t、n、h、m、r、y、w"与这5个元音结合而构成的清音。以下将顺次学习。

2 か行清音

か	き	く	け	こ
カ	キ	ク	ケ	コ
ka	ki	ku	ke	ko

使ってみよう

読み/表記	品詞/意味	読み/表記	品詞/意味
かお(顔)	[名] 脸	けいこ(稽古)	[名] 排练，训练
かき(柿)	[名] 柿子	こい(恋)	[名] 恋爱
き(木)	[名] 树	あき(秋)	[名] 秋天
くうき(空気)	[名] 空气	いけ(池)	[名] 水池
け(毛)	[名] 毛	ココア(cocoa)	[名] 可可

3 さ行清音

さ	し	す	せ	そ
サ	シ	ス	セ	ソ
sa	shi	su	se	so

使ってみよう

読み/表記	品詞/意味	読み/表記	品詞/意味
さけ(酒)	[名] 酒	あさ(朝)	[名] 早晨
しお(塩)	[名] 盐	あし(足)	[名] 脚,腿
すいか(西瓜)	[名] 西瓜	かさ(傘)	[名] 伞
すき(好き)	[形动] 喜欢,爱好	うし(牛)	[名] 牛
せき(席)	[名] 座位	アイス(ice)	[名] 冰
うそ(嘘)	[名] 说谎,胡说	スイス(Swiss)	[名] 瑞士

4 た行清音

た ち つ て と
タ チ ツ テ ト
ta chi tsu te to

使ってみよう

読み/表記	品詞/意味	読み/表記	品詞/意味
たけ(竹)	[名] 竹子	とかい(都会)	[名] 都市,城市
たこ(蛸)	[名] 章鱼	コスト(cost)	[名] 成本
ちち(父)	[名] 父亲	ストア(store)	[名] 商店
つき(月)	[名] 月亮	テキスト(text)	[名] 教材
つくえ(机)	[名] 桌子	テスト(test)	[名] 测试
て(手)	[名] 手		

5 な行清音

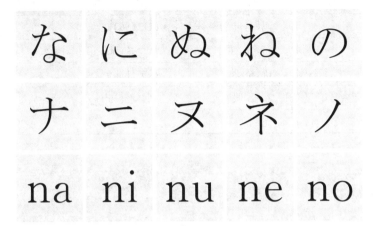

使ってみよう

読み/表記	品詞/意味	読み/表記	品詞/意味
なに(何)	[代] 什么	ねこ(猫)	[名] 猫
なし(梨)	[名] 梨	のう(脳)	[名] 脑
にし(西)	[名] 西方	ナイフ(knife)	[名] 小刀, 餐刀
あに(兄)	[名] 哥哥	ネクタイ(necktie)	[名] 领带
にく(肉)	[名] 肉	テニス(tennis)	[名] 网球
いぬ(犬)	[名] 狗		

6 は行清音

は ひ ふ へ ほ
ハ ヒ フ ヘ ホ
ha hi fu he ho

使ってみよう

読み/表記	品詞/意味	読み/表記	品詞/意味
はは(母)	［名］妈妈,母亲	ほほ(頬)	［名］颊
はこ(箱)	［名］箱,盒,匣	ハウス(house)	［名］房屋
はし(橋)	［名］桥,桥梁	ヘア(hair)	［名］头发
ふく(服)	［名］衣服,服装	ソフト(soft)	［名］柔软
へび(蛇)	［名］蛇		

7 ま行清音

使ってみよう

読み/表記	品詞/意味	読み/表記	品詞/意味
まえ(前)	［名］前方,前面	マスク(mask)	［名］口罩
まめ(豆)	［名］豆	トマト(tomato)	［名］西红柿
み(実)	［名］果实	ミス(miss)	［名］过错,错误
むし(虫)	［名］虫,昆虫	タイム(time)	［名］时间
め(目)	［名］眼睛	メモ(memo)	［名］笔记
もも(桃)	［名］桃子		

8 や行清音

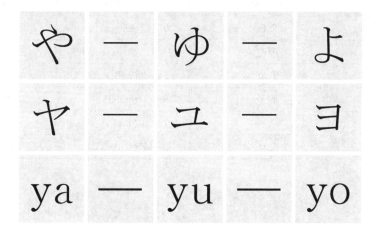

使ってみよう

読み/表記	品詞/意味	読み/表記	品詞/意味
やく(約)	[副] 约	タイヤ(tire)	[名] 轮胎
ゆ (湯)	[名] 热水	ユニセフ(UNICEF)	[名] 联合国儿童基金会
ゆき(雪)	[名] 雪	ヨハネ(Johannes ラテン)	[名] 约翰(人名)
ゆめ(夢)	[名] 梦	さようなら	[組] 再见
よる(夜)	[名] 夜,夜间	お休みなさい	[組] 晚安

9 ら行清音

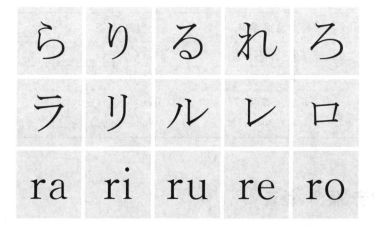

使ってみよう

読み/表記	品詞/意味	読み/表記	品詞/意味
らいにち(来日)	[名] 来日本	カメラ(camera)	[名] 照相机
りゆう(理由)	[名] 理由	リサイクル(recycle)	[名] 再利用
るす(留守)	[名] 看家,不在家	ミルク(milk)	[名] 牛奶
れい(例)	[名] 例子	トイレ(toilet)	[名] 厕所
ろく(六)	[数] 六	タオル(towel)	[名] 毛巾
いろ(色)	[名] 颜色	ロシア(Russia)	[名] 俄罗斯

10 わ行清音

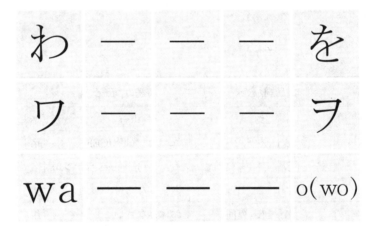

使ってみよう

読み/表記	品詞/意味	読み/表記	品詞/意味
わ(和)	[名] 和,日本	わふく(和服)	[名] 和服
わ(輪)	[名] 圆圈	わに(鰐)	[名] 鳄鱼
わかめ(若芽)	[名] 新芽	ホワイトハウス(White House)	[名] 白宫
わたし(私)	[代] 我		

11 特殊音　撥音、促音、長音

日语有三个特殊音,分别是拨音、促音和元音的长音。

(1) 撥音（拨音）

「ん」是特殊音，只能与其他音节合成在词中或词尾出现，不会出现在词头。

使ってみよう

読み/表記	品詞/意味	読み/表記	品詞/意味
おんせん（温泉）	[名] 温泉	れんあい（恋愛）	[名] 恋爱
かんたん（簡単）	[名] 简单	アクセント（accent）	[名] 声调
しんまい（新米）	[名] 新米，新手	ライオン（lion）	[名] 狮子
しんねん（新年）	[名] 新年	ランチ（lunch）	[名] 午餐
にほん（日本）	[名] 日本		

(2) 促音（促音）

促音只发生在「か」「さ」「た」「ぱ」行之前，实际上不发出声音。促音用小字号的「っ」「ッ」表示。竖写时，写在下一文字的右上角；横写时，写在后一文字的左下角。

促音虽然不发出声音，但在上一个音和下一个音之间要占用一个单音的时间间隔，即停留一拍的时间以准备好下一个音的口型。如果不停留一拍的话，语义会发生变化。如：

おっと（丈夫）—おと（声音）　　きって（邮票）—きて（请来）

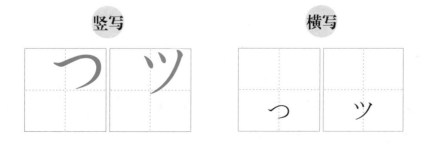

使ってみよう

読み/表記	品詞/意味	読み/表記	品詞/意味
いっしょう（一生）	[名] 一生	けっこん（結婚）	[名] 结婚

续表

読み/表記	品詞/意味	読み/表記	品詞/意味
さっか(作家)	[名] 作家	ネット	[名] 网络
ねったい(熱帯)	[名] 热带	クラシック(classic)	[名] 古典
ひっこし(引越し)	[名] 搬家	スイッチ(switch)	[名] 开关

(3) 長音(长音)

长音是发元音时延长一拍的音。与促音类似,发不发长音会对词义产生影响。因此,发长音时,也要占用一拍的时间间隔。如:

おじいさん(爷爷)—おじさん(叔叔,伯伯)

おばあさん(奶奶)—おばさん(阿姨,姑姑)

长音的发音有以下几个规则:

①「あ段」「い段」和「う段」的长音符号为「あ」「い」「う」。如:

かあさん(母さん/母亲)　　にいさん(兄さん/兄长)　　くうき(空気/空气)

②「え段」「お段」的长音符号,分别有「え」「い」和「お」「う」两种书写形式。如:

ねえさん(姉さん/姐姐)　　えいが(映画/电影)

こおり(氷/冰)　　くうこう(空港/机场)

③「お段」长音符号多为「う」,主要有:

とうさん(父さん/父亲)　　おはよう(早/早)　　きょう(今日/今天)

片假名均使用长音符号"ー"表示。如:

アイスクリーム　　ケーキ　　コーヒー　　ラーメン

使ってみよう

読み	品詞/意味	読み	品詞/意味
アイスクリーム	[名] 冰激淋	マフラー	[名] 围巾
カラー	[名] 颜色,彩色	メール	[名] 电子邮件
スキー(ski)	[名] 滑雪	ローマ	[名] 罗马
スクール(school)	[名] 学校	ロッカー(locker)	[名] 衣帽柜
タクシー	[名] 出租车	インターネット	[名] 因特网,互联网
フリー	[名] 自由,免费	チームワーク	[名] 协同,配合

練習A 発音

1. 朗读，注意元音的发音。

   (1) 所有「ア」段假名，延长发音时间时，都有类似发「アー」音的感觉。如：

   カー、サー、ター、ナー、ハー、マー、ヤー、ラー、ワー

   (2) 所有「イ」段假名，延长发音时间时，都有类似发「イー」音的感觉。如：

   キー、シー、チー、ニー、ヒー、ミー、リー

   (3) 所有「ウ」段假名，延长发音时间时，都有类似发「ウー」音的感觉。如：

   クー、スー、ツー、ヌー、フー、ムー、ユー、ルー

   (4) 所有「エ」段假名，延长发音时间时，都有类似发「エー」音的感觉。如：

   ケー、セー、テー、ネー、ヘー、メー、レー

   (5) 所有「オ」段假名，延长发音时间时，都有类似发「オー」音的感觉。如：

   コー、ソー、トー、ノー、ホー、モー、ヨー、ロー

   (6) 注意口型，反复练习，辨别「ウ・イ・ア」音

   ウ・イ・ア・ウ・イ・ア

   (7) 注意口型，反复练习，辨别「オ・エ」音

   オ・エ・オ・エ・オ・エ

2. 反复练习。

あか	あさ	いき	うき
うた	うつ	えき	せき
おか	おす	けさ	さけ
たけ	たつ	てこ	そこ
なな	なま	まめ	まも
ねた	たね	たま	また
はは	みみ	ほほ	もも
やゆ	やり	ゆり	より

3. 根据词的读音，寻找元音。如：

「さ・く・ら」→「ア・ウ・ア」

(1)「あに、あね」→　　　　　(2)「かき、かに」→

(3)「ここ、そこ」→　　　　　(4)「たこ、ねこ」→

(5)「つき、つち」→　　　　　(6)「なす、なし」→

(7)「はな、ひな」→　　　　　(8)「まめ、ゆめ」→

(9)「みみ、もも」→　　　　　(10)「なまえ、むすめ」→

練習B 活用

1. 走迷宫：按照正确的现代日语假名，寻找出路，走到终点。

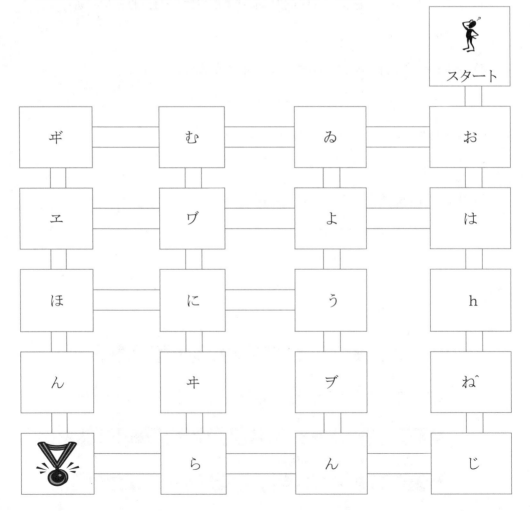

2. 走迷宫：前一个单词的最后一个假名必须与后一个单词的第一个假名相同。

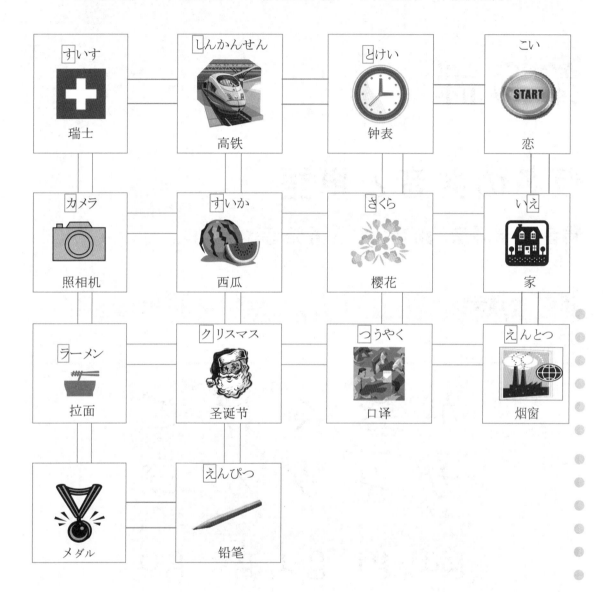

 理解当代中国

　　2022年10月16日上午中国共产党第二十次全国代表大会在北京人民大会堂开幕。习近平总书记代表第十九届中央委员会向大会作报告。习近平总书记指出，全面建成社会主义现代化强国，总的战略安排是分两步走：从二〇二〇年到二〇三五年基本实现社会主义现代化；从二〇三五年到本世纪中叶把我国建成富强民主文明和谐美丽的社会主义现代化强国。未来五年是全面建设社会主义现代化国家开局起步的关键时期。

　　https://baijiahao.baidu.com/s?id=1746818007178011466&wfr=spider&for=pc 根据"央视新闻"资料撰写

第 2 課

仮名の発音と単語
濁音・半濁音　拗音　外来語発音

1 濁音・半濁音

(1) が行

が　ぎ　ぐ　げ　ご
ガ　ギ　グ　ゲ　ゴ
ga　gi　gu　ge　go

使ってみよう

読み/表記	品詞/意味	読み/表記	品詞/意味
がいこく(外国)	［名］外国	ごご(午後)	［名］下午
かぎ(鍵)	［名］钥匙	ごはん(ご飯)	［名］饭，米饭
ぎんこう(銀行)	［名］银行	ガス(gas)	［名］气体，煤气
ぐん(軍)	［名］军队	エネルギー(energy)	［名］能源
げんき(元気)	［形動］健康，精神	グループ(group)	［名］集体，团队

续表

読み/表記	品詞/意味	読み/表記	品詞/意味
ゲーム(game)	［名］ 游戏	ガム(gum)	［名］ 口香糖
ゴルフ(golf)	［名］ 高尔夫	おねがいします	［組］ 拜托了,请多关照

(2) ざ行

使ってみよう

読み/表記	品詞/意味	読み/表記	品詞/意味
ざせき(座席)	［名］ 座席	エンジン(engine)	［名］ 发动机
じめん(地面)	［名］ 地面	サイズ(size)	［名］ 尺寸,大小
ちず(地図)	［名］ 地图	レンズ(lens)	［名］ 镜头
ごぜん(午前)	［名］ 上午	ゼロ(zero)	［数］ 零
かぞく(家族)	［名］ 家人	おはようございます	［組］ 早上好
オレンジ(orange)	［名］ 橙子	はじめまして	［組］ 初次见面

(3) だ行

だ ぢ づ で ど
ダ ヂ ヅ デ ド
da ji(di) zu(du) de do

使ってみよう

読み/表記	品詞/意味	読み/表記	品詞/意味
だいがく(大学)	[名] 大学	ドア(door)	[名] 门
でんき(電気)	[名] 电,电灯	ドラマ(drama)	[名] 电视剧
でんわ(電話)	[名] 电话	どうぞ	[组] 请
どうし(動詞)	[名] 动词	どうぞ、よろしくおねがいします	[组] 请多关照
ダム(dam)	[名] 坝	いただきます	[组] 我吃了,我收下了
ダンス(dance)	[名] 舞蹈	ごちそうさまでした	[组] 多谢款待
デート(date)	[名] 约会		

(4) ば行

使ってみよう

読み/表記	品詞/意味	読み/表記	品詞/意味
ばあい(場合)	[名] 场合,时候	ビル(building)	[名] 大楼
そば(側)	[名] 附近,旁边	ビジネス(business)	[名] 商务
かびん(花瓶)	[名] 花瓶	ブーム(boom)	[名] 热潮
ぶんか(文化)	[名] 文化	ベル(bell)	[名] 铃,电铃
べんり(便利)	[形动] 便利,方便	ベスト(best)	[名] 最好的
バス(bus)	[名] 公共汽车	ボランティア(volunteer)	[名] 志愿者
バナナ(banana)	[名] 香蕉		

(5) ぱ行　半濁音

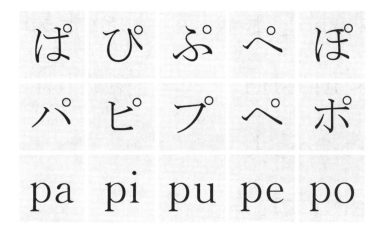

使ってみよう

読み/表記	品詞/意味		読み/表記	品詞/意味	
はっぱ(葉っぱ)	[名]	叶子	プール(pool)	[名]	游泳池
ぶんぽう(文法)	[名]	语法	プラス(plus)	[名]	加号,正号
パス(pass)	[名]	通行证	プリント(print)	[名]	印刷,打印
パソコン(personal computer)	[名]	电脑	ペン(pen)	[名]	钢笔
			ポスター(poster)	[名]	海报
ピアノ(piano)	[名]	钢琴	スポーツ(sports)	[名]	运动

2 拗音

　　日语中除了单音(元音,或"辅音＋元音")之外,还有"辅音＋半辅音＋元音"的"拗音"。半辅音用小号的「ゃ」「ゅ」「ょ」书写于辅音的右下角。

きゃ	きゅ	きょ		ぎゃ	ぎゅ	ぎょ
kya	kyu	kyo		gya	gyu	gyo
しゃ	しゅ	しょ		じゃ	じゅ	じょ
sha	shu	sho		ja	ju	jo
ちゃ	ちゅ	ちょ				
cha	chu	cho				
にゃ	にゅ	にょ				
nya	nyu	nyo		びゃ	びゅ	びょ
ひゃ	ひゅ	ひょ		bya	byu	byo
hya	hyu	hyo		ぴゃ	ぴゅ	ぴょ
みゃ	みゅ	みょ		pya	pyu	pyo
mya	myu	myo				
りゃ	りゅ	りょ				
rya	ryu	ryo				

使ってみよう

読み/表記	品詞/意味	読み/表記	品詞/意味
きょうかしょ(教科書)	［名］ 教科书	にゅうがく(入学)	［名］ 入学
きょねん(去年)	［名］ 去年	ひゃく(百)	［数］ 一百
しゃしん(写真)	［名］ 写生,照片	りゅうがく(留学)	［名/动］ 留学
れんしゅう(練習)	［名］ 练习	びょうき(病気)	［名］ 病,疾病
じゅぎょう(授業)	［名］ 授课	みょうじ(名字)	［名］ 姓
じょうず(上手)	［形动］ 拿手,擅长	ゆうびんきょく(郵便局)	［名］ 邮局
ちゅうごく(中国)	［名］ 中国	りょうり(料理)	［名］ 菜肴,料理
としょかん(図書館)	［名］ 图书馆	むりょう(無料)	［名］ 免费

拗音片假名的书写方式：

キャ	キュ	キョ		ギャ	ギュ	ギョ
kya	kyu	kyo		gya	gyu	gyo
シャ	シュ	ショ		ジャ	ジュ	ジョ
sha	shu	sho		ja	ju	jo
チャ	チュ	チョ				
cha	chu	cho				

ニャ	ニュ	ニョ
nya	nyu	nyo

ヒャ	ヒュ	ヒョ
hya	hyu	hyo

ビャ	ビュ	ビョ
bya	byu	byo

ミャ	ミュ	ミョ
mya	myu	myo

ピャ	ピュ	ピョ
pya	pyu	pyo

リャ	リュ	リョ
rya	ryu	ryo

使ってみよう

読み	品詞/意味	読み	品詞/意味
キャベツ（cabbage）	［名］ 卷心菜	チョコレート（chocolate）	［名］ 巧克力
キャンパス（campus）	［名］ 校园	ニュース（news）	［名］ 新闻
ギョーザ	［名］ 饺子	メニュー（menu）	［名］ 菜单
チューリップ（tulip）	［名］ 郁金香	ボリューム（volume）	［名］ 音量，分量

3 外来語の発音

日语是元音结尾的语言，所以，在表达英语等含有大量辅音的外来语词时，形成了一定的语音规则。如：soft、end 等以 t、d 辅音结尾的外语词汇，词尾加元音［o］，构成元音词语，变成「ソフト」

「エンド」；book、dam 等以 c、b、f、g、k、l、m、p、s 辅音结尾的外语词汇，词尾加元音[u]，变成「ブック」「ダム」。

由于日语的音节非常少，无法完全正确地表达外来词的音声，所以，随着外来词的不断涌现，许多外来词只能用发音比较接近的假名来表示，如：[th]用サ、シ、ス、セ、ソ表示。同时，为了更接近外来词的发音，日语里出现了一些原本没有的音节。如：[ti]应该用「チ」表示，但是为了更接近外来词的发音，有时也用「ティ」表示；同样，[di]用「ジ」表示，为了更接近外来词的发音，有时也用「ディ」表示。

拗音用小字号的「ャ」「ュ」「ョ」表示。遇到类似于「ヴァ、ヴィ、ヴェ、ヴォ」的组合时，也要使用小字号的「ァ、ィ、ェ、ォ」。

为了使发音尽量与外国语言、特别是欧美语言的发音相似，日语的外来语发音可以按照以下规则拼写并发音。其中，ヴァ＝バ、ヴィ＝ビ、ヴェ＝ベ、ヴォ＝ボ、ツァ＝ザ等发音非常相似，日常生活和动漫中也会经常出现。

ファ fa	ウィ wi	ツァ tsa	チェ che	ティ ti
フィ fi	ウェ we	ツィ tsi	シェ she	ディ di
フェ fe	ウォ wo	ツェ tse	ジェ je	デュ du
フォ fo	ヴァ va	ツォ tso		トゥ tu
フュ fyu	ヴィ vi			
	ヴェ ve			
	ヴォ vo			

使ってみよう

読み	品詞/意味	読み	品詞/意味
ファースト（first）	［名］　第一	ウィーン（Wien）	［名］　维也纳
フィーリング（feeling）	［名］　感觉，知觉	ツアー（tour）	［名］　旅行
フェア（fair）	［名］　商品交易展	チェス（chess）	［名］　国际象棋
フォーク（fork）	［名］　叉子	ジェット（jet）	［名］　喷气机
アイフォン（iphone）	［名］　苹果手机	ティー（tea）	［名］　茶

練習A　発音

1. 教师领读，学生跟读。

　　① きょねん　　　　きゅうねん　　　　りゅうねん

　　② ちゅうごく　　　かんこく　　　　　ばんこく

　　③ はす　　　　　　バス　　　　　　　パス

　　④ ピザ　　　　　　ビザ　　　　　　　ヒザ

　　⑤ ジャム　　　　　グアム　　　　　　ルーム

　　⑥ チャンス　　　　チェス　　　　　　ジュース

　　⑦ チャック　　　　チェック　　　　　チョーク

　　⑧ パック　　　　　バック　　　　　　パーク

　　⑨ ヘット　　　　　ペット　　　　　　ハート

　　⑩ ヘッド　　　　　ベッド　　　　　　ハード

　　⑪ ホット　　　　　ポット　　　　　　ボート

　　⑫ もと　　　　　　もっと　　　　　　モード

⑬ ロボット　　　　　ロケット　　　　　バスケット

⑭ ファンクション　　フィクション　　　ファッション

⑮ フェリー　　　　　チェリー　　　　　ジュエリー

2. 在以下方格内填写适当的假名。

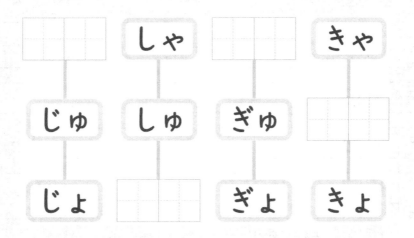

練習 B 活用

1. 将以下平假名改写成片假名。

あめりか　　　よーろっぱ　　　いぎりす　　　どいつ

ふらんす　　　いたりあ　　　　ろしあ　　　　すぺいん

ぎりしゃ　　　おらんだ　　　　すいす　　　　すうぇーでん

でんまーく　　のるうぇー　　　おーすとりあ　おーすとらりあ

2. 查字典，解词义。以下是日本某商铺楼层的导购图。试将商品名的片假名改写成平假名，或将商品名的平假名改写成片假名，长音均用「ー」表示。

フロアガイド				
8F	ビックカメラ	おもちゃ キッズ用品	CD/DVD/ブルーレイソフト メガネ・コンタクトレンズ	ゲーム 自転車
7F	ビックカメラ	ビューティー家電 健康家電	時計・香水 くすり	スーツケース 日用品
6F	ビックカメラ	エアコン・季節家電 シェーバー	掃除機 電話機/FAX	照明器具 寝具
5F	ビックカメラ	冷蔵庫 キッチン家電	洗濯機 デザイン家電	太陽光パネル お酒
4F	ビックカメラ	テレビ オーディオ	レコーダー ヘッドホン	プロジェクター 電子ピアノ
3F	ユニクロ UNIQLO	メンズ		
2F	ユニクロ UNIQLO	ウィメンズ	キッズ＆ベビー	
1F	ユニクロ UNIQLO	ウィメンズ	メンズ	
	ユニクロ UNIQLO	ビックスポーツ		
B1	ビックカメラ	スマートフォン 電子辞書・電子書籍	携帯電話 パソコン書籍	電池 ソフマップ
B2	ビックカメラ	パソコン インク・用紙	プリンター パソコン周辺機器	パソコンソフト Appleショップ
B3	ビックカメラ	カメラ ビデオカメラ	写真用品 メモリーカード	交換レンズ ゴルフ
B4	First Ship	ファーストシップ インターナショナル ヨガスクール		

 理解当代中国

　　讲故事，是国际传播的最佳方式。要讲好中国特色社会主义的故事，讲好中国梦的故事，讲好中国人的故事，讲好中华优秀文化的故事，讲好中国和平发展的故事。讲故事就是讲事实、讲形象、讲情感、讲道理，讲事实才能说服人，讲形象才能打动人，讲情感才能感染人，讲道理才能影响人。要组织各种精彩、精炼的故事载体，把中国道路、中国理论、中国制度、中国精神、中国力量寓于其中，使人想听爱听，听有所思，听有所得。

　　http://cpc.people.com.cn/xuexi/n1/2019/0110/c385474-30514168.html 中国共产党新闻网"习近平《在党的新闻舆论工作座谈会上的讲话》(2016年2月19日)"

第3課
わたしは 王仙娥です

場景

刘晶晶等在高等职业技能竞赛中获奖的五人由王仙娥老师带队访问日本。下面是他们在机场与前来接机的东京时尚艺术学院国际中心的职员桥本彻先生互相问候的场景。

I. 学習ポイント　文法機能・文型

1. わたしは　王仙娥です。
2. 橋本さんは　先生では　ありません。
3. 橋本さんは　日本人ですか。
4. 劉さんは　川南外語工商職業学院の　学生です。
5. 李さんも　学生です。
6. 劉さんと　李さんは　コンテストの　優勝者です。

II. 基本会話

1. A：わたしは 王仙娥です。
   B：わたしは 橋本徹です。

2. A：王さんは 先生ですか。
   B：はい、そうです。わたしは 日本語教師です。
   A：橋本さんも 先生ですか。
   B：いいえ、橋本さんは 先生では ありません。職員です。

3. A：わたしは 学生です。川南外語工商職業学院の 学生です。
   B：わたしも 学生です。黄島職業技術学院の 学生です。

4. A：劉さんと 李君は 何年生ですか。
   B：2年生です。2人とも コンテストの 優勝者です。
   A：みなさんは 優秀ですね。

III. 応用会話

（桥本彻是王仙娥老师的大学同学，这天到机场迎接王老师及同学们。一行人到达门口。）

橋本 徹：（向走出海关的王老师招手）王さん。

王 仙娥：（王老师也发现了桥本）あっ、橋本さん、お久しぶりです。

橋本 徹：お久しぶりですね。お元気ですか。

王 仙娥：はい、おかげさまで 元気です。

（小刘等其他同学陆续到齐了。）

王 仙娥：（向桥本介绍获奖同学）コンテスト優勝者の みなさんです。

（向大家介绍桥本彻）東京モダン芸術学院の 橋本さんです。

橋本 徹：みなさん、お疲れ様です。橋本徹です。ようこそ、いらっしゃいました。

大家辛苦了，我是桥本彻。欢迎大家的到来。

劉 晶晶等：えっ？（稍感困惑）はじめまして、劉晶晶です。どうぞ よろしく お願い

いたします。

みなさん：はじめまして、どうぞ　よろしく　お願いいたします。

(在轻轨列车上。)

橋本　徹：みなさん、東京は　初めてですか。

劉　晶晶：はい。そうです。日本は　初めてです。

橋本　徹：(似有领悟)あ、そうですね。

劉　晶晶：橋本さんは　教師ですか。

橋本　徹：いいえ、わたしは　教師では　ありません。職員です。

李　強：王先生と　友達ですか。

橋本　徹：(笑)はい、そうです。大学の　同級生です。

みなさん：そうですか。

橋本　徹：みなさんは　何年生ですか。

劉　晶晶：わたしは　2年生です。

李　強：わたしも　2年生です。

王　仙娥：孫さんも　2年生です。張さんと　高さんは　3年生です。

橋本　徹：みなさんは　優秀ですね。

Ⅳ. 新しい単語

表記/読み/アクセント	品詞/意味
三(さん)⓪	[数]三
私(わたし)⓪	[代]我
王(おう)①	[专]王
橋本(はしもと)⓪	[专]桥本
劉(りゅう)①	[专]刘
先生(せんせい)③	[名]老师
日本人(にほんじん)④	[名]日本人
～人(～じん)①	[接尾]人
学生(がくせい)⓪	[名]学生

续表

表記/読み/アクセント	品詞/意味
コンテスト①	[名]比赛
優勝者(ゆうしょうしゃ)③	[名]优胜者
はい①	[叹]是,好
いいえ③	[叹]不,不是
日本語(にほんご)⓪	[名]日语
教師(きょうし)①	[名]教师
職員(しょくいん)②	[名]职员
何〜(なん)①	[代]几〜
〜年生(〜ねんせい)	[名]〜年级
皆(みな)②	[名]大家,各位
久しぶり(ひさしぶり)⓪	[名・形动]相隔很久
元気(げんき)①	[名・形动]健康,精力充沛
お蔭様(おかげさま)⓪	[连语]托福
中国人(ちゅうごくじん)④	[名]中国人
東京(とうきょう)⓪	[专]东京
ファッション①	[名]流行,时尚
芸術(げいじゅつ)⓪	[名]艺术
学院(がくいん)⓪	[名]学院
お疲れ様(おつかれさま)⑥	[组]辛苦了(对同辈以下)
ようこそ①	[副]欢迎
いらっしゃる④	[动]来、去、在的尊敬语
初めまして(はじめまして)④	[连语]初次见面
どうぞ①	[副]请
よろしく⓪	[副]关照
お願いいたします(おねがいいたします)⑧	[组]拜托了
初めて(はじめて)②	[名]初次
友達(ともだち)⓪	[名]朋友
大学(だいがく)⓪	[名]大学
同級生(どうきゅうせい)③	[名]同学
なるほど⓪	[副]的确,诚然
全員(ぜんいん)⓪	[名]全员,全体
優秀(ゆうしゅう)⓪	[形动]优秀,出色
ね	[终助]征求对方同意

续表

表記/読み/アクセント	品詞/意味
あっ	[叹]啊,哎,表示惊讶
あ	[叹]啊,噢,表示想起某事
川南外語工商職業学院	[专]川南外语工商职业学院
黄島職業技術学院	[专]黄岛职业技术学院
東京モダン芸術学院	[专]东京时尚艺术学院
お久しぶりです	[组]好久不见
お元気ですか	[组]身体好吗
お疲れ様です	[组]辛苦了
ようこそ、いらっしゃいました	[组]欢迎光临

V. 学習ポイント

1. ［人］は ［名詞］です

「わたしは ○○です」是一个典型的名词句。「～は～です」是日语中最常见的句型,相当于汉语的"～是～"。在这个句子里,「は」是助词,念「わ」音。「～は」之前的部分表示提示主题,如「わたし」「橋本さん」;谓语部分「～です」是对「～は」所提的主题进行的解释。「さん」是称呼对方的最一般的敬称,男女皆可使用。可以根据对方的年龄,翻译成"小刘""老李"等。外国人名可以不译。

- ◆ わたしは 劉晶晶です。(我叫刘晶晶。)
- ◆ わたしは 中国人です。(我是中国人。)
- ◆ 橋本さんは 職員です。(桥本是职员。)

「～は」所提示的主题,在不会造成误解、特别是在表示自己的情况下,往往可以省略。如：

- ◆ (わたしは)橋本です。(我是桥本。)
- ◆ (わたしは)劉晶晶です。(我是刘晶晶。)

2. ［人］は ［名詞］では ありません

将「～は～です」句型中句尾的助动词「です」改为「では ありません」,即可表示否定。

- ◆ 橋本さんは 先生です。(桥本先生是老师。)
- →橋本さんは 先生では ありません。(桥本先生不是老师。)

◆ わたしは 日本人です。(我是日本人。)

→わたしは 日本人では ありません。(我不是日本人。)

口语中,「では」可以用「じゃ」表示,即「では ありません」可以用「じゃ ありません」的形式表达。

◆ わたしは 先生では ありません。(我不是老师。)

→わたしは 先生じゃ ありません。(我不是老师。)

3. [人]は [名詞]ですか

日语疑问句在陈述句的句尾加上疑问词"か"即可表达疑问,一般不使用问号。

◆ 橋本さんは 職員です。(桥本先生是职员。)

◆ 橋本さんは 教師ですか。(桥本先生是教师吗?)

回答疑问句时,肯定回答用「はい」,否定回答用「いいえ」。

◆ 橋本さんは 教師ですか。(桥本先生是教师吗?)

——はい、橋本さんは 教師です。(是的,桥本先生是教师。)

——いいえ、橋本さんは 教師では ありません。(不,桥本先生不是教师。)

疑问句的回答除了上述的正面回答之外,还可以用「はい、そうです」的形式来表达肯定。否定问句的回答时,可以在「いいえ」之后,直接回答正确的内容。

◆ 橋本さんは 先生ですか。(桥本是老师吗?)

——はい、そうです。(わたしは 先生です)(是的,我是老师。)

——いいえ、(わたしは 先生ではありません。)職員です。(不,我是公司职员。)

4. [名詞1]の [名詞2]

日语的名词和名词之间的结合需要用助词「の」连接。课文中的「の」表示所属、内容,可以翻译为"的"。

◆ 劉さんは 川南外語工商職業学院の 学生です。(小刘是川南外语工商职业学院的学生。)(所属)

◆ 李さんは コンテストの 優勝者です。(小李是竞赛的优胜者。)(内容)

根据前后名词的关系,「の」不仅可以表示所属和内容,还可以表示所有和所在等。

◆ 劉さんの　本です。(小刘的书。)(所有)

◆ 東京の　友達です。(东京的朋友。)(所在)

5. ［人］も　［名詞］です

「も」在这里是表示列举类似或同样的事物时使用的助词，与汉语"也"的用法相似，表示后一句的谓语与前一句的谓语相同。

◆ 李さんは　学生です。わたしも　学生です。(小李是学生。我也是学生。)

◆ 橋本さんは　日本人です。鈴木さんも　日本人です。(桥本是日本人，铃木也是日本人。)

6. ［名詞1］と　［名詞2］です

「と」是连接名词和名词之间的助词，相当于汉语"～和～"的意思。

◆ 劉さんと　李君は　コンテストの　優勝者です。(小刘和小李是竞赛的优胜者。)

◆ 劉さんと　李君は　何年生ですか。(小刘和小李几年级?)

◆ (橋本さんは)王先生と　友達ですか。(〈桥本先生〉和王老师是朋友吗?)

練習

練習A　文法練習

一、[例]

　　橋本/職員　→

　　わたしは　橋本です。職員です。

1. 王/教師
2. 劉/学生
3. 橋本/日本人
4. 李/中国人

二、[例]

　　小林(はやし/こばやし)　→

　　わたしは　はやしではありません。こばやしです。

1. 王(こう/おう)
2. 黄(おう/こう)
3. 本山(やまもと/もとやま)
4. 山中(なかやま/やまなか)
5. 小川(こがわ/おがわ)
6. 田中(なかた/たなか)

三、[例]

　　王さん/先生　→

　　<u>王さん</u>は　<u>先生</u>ですか。

　　はい、<u>先生</u>です。

1. 小林さん/日本人
2. 劉さん/大学生
3. 王先生/中国人
4. 橋本さん/職員

四、[例]

　　橋本さん/先生　→

　　<u>橋本さん</u>は　<u>先生</u>ですか。

　　いいえ、<u>先生</u>ではありません。<u>職員</u>です。

1. 小林さん/中国人/日本人
2. 王さん/職員/先生
3. 劉さん/日本人/中国人
4. 李さん/職員/学生

五、[例]

　　王さん/小林さん/先生　→

　　<u>王さん</u>は　<u>先生</u>です。<u>小林さん</u>も　<u>先生</u>です。

1. 劉さん/李さん/中国人
2. 林さん/小林さん/日本人
3. 藤原さん/山口さん/大学生
4. 橋本さん/小林さん/職員

六、[例]

　　王さん/吉本さん/先生　→

　　<u>王さん</u>と　<u>吉本さん</u>は　<u>先生</u>です。

1. 藤原さん/山口さん/大学生
2. 劉さん/李さん/中国人

3. 橋本さん/小林さん/会社員　　　　4. 王さん/橋本さん/友達

練習B　会話練習

一、[例]

　　A:はじめまして。わたしは　①劉です。

　　　どうぞ　よろしく　おねがいします。

　　B:②橋本です。　こちらこそ　どうぞ　よろしく　おねがいします。

1. ① 小林　② 山中
2. ① 李　　② 橋本
3. ① 田中　② 小川

二、[例]

　　A:橋本さん、①劉さんと　②李さんです。

　　B:はじめまして、橋本です。　どうぞ　よろしく　おねがいします。

1. ① 孫さん　　② 李さん
2. ① 田中さん　② 本山
3. ① 小林さん　② 小川

三、[例]

　　A:わたしは　李です。　中国人です。　どうぞ　よろしく　おねがいします。

　　B:①ながい(永井)です。こちらこそ　よろしく　おねがいします。

　　A:②なかい(中井)さん　ですか。

　　B:いいえ、①ながい(永井)です。

　　A:そうですか。わたしは　③学生です。①ながい(永井)さんも　③学生ですか。

　　B:はい、そうです。わたしも　③学生です。

1. ① きむら(木村)　　② いむら(井村)　　③ 職員
2. ① さとう(佐藤)　　② さいとう(斉藤)　③ 教師
3. ① こう(黄)　　　　② おう(王)　　　　③ 学生

四、日汉翻译

1. わたしは　田中です。
2. わたしは　日本人です。中国人では　ありません。
3. 橋本さんは　教師ですか。
4. 劉さんは　川南外語工商職業学院の　学生です。
5. 王さんは　先生です。小林さんも　先生です。
6. 劉さんと　李さんは　学生です。

五、汉日翻译

1. 我叫刘晶晶。初次见面,请多关照。
2. 铃木是我的大学同学。
3. 桥本先生是川南外语工商职业学院的日语老师吗?
4. 小李和小刘是竞赛中的优胜者。
5. 托您的福,我身体很好。
6. 田中是东京时尚艺术学院的三年级学生吗?

理解当代中国

习近平总书记指出,要加快构建中国话语和中国叙事体系,用中国理论阐释中国实践,用中国实践升华中国理论,打造融通中外的新概念、新范畴、新表述,更加充分、更加鲜明地展现中国故事及其背后的思想力量和精神力量。要加强对中国共产党的宣传阐释,帮助国外民众认识到中国共产党真正为中国人民谋幸福而奋斗,了解中国共产党为什么能、马克思主义为什么行、中国特色社会主义为什么好。

http://www.xinhuanet.com/politics/leaders/2021-06/01/c_1127517461.htm 根据"新华通讯社新华网"资料撰写

第4課
これは カード・キーです

新出場人物

吉本 来未　30代女性　東京モダン芸術学院（TM学院）
　　　　　　ファッションデザイン科　講師

藤原 拓也　10代男性　東京モダン芸術学院
　　　　　　ファッションデザイン科　学生

上原 優子　10代女性　東京モダン芸術学院
　　　　　　ファッションデザイン科　学生

場景

小刘一行到了宾馆，东京时尚艺术学院的学生藤原和上原已经在宾馆等着了。大家商量第二天去东京时尚艺术学院的事情。

I. 学習ポイント

1. これは　カード・キーです。
2. この　方は　吉本先生です。

3. それは わたしの スマホです。

4. この 人は 藤原君で、TM学院の 学生です。

5. あれは 上原さんのです。

II. 基本会話

1. A:これは 何ですか。
   B:それは カード・キーです。

2. （两人看着学院介绍，指着照片上的人。）
   A:この 人は 誰ですか。
   B:この 方は 吉本先生です。

3. A:これは 誰の スマホですか。
   B:それは わたしの スマホです。
   A:これは 充電器ですか。
   B:はい、そうです。(それは)スマホの 充電器です。

4. A:この 方は 吉本先生で、デザインの 講師です。
   B:この 人は 藤原君で、TM学院の 学生です。

5. A:この アイパッドは 藤原さんのですか。
   B:はい、それは 僕のです。
   A:あれは 誰のですか。
   B:あれは 上原さんのです。

III. 応用会話

（一行人到了宾馆，东京时尚艺术学院的学生藤原和上原已经在大厅等候了。办理完宾馆入住手续后，大家在一起商议第二天的行程。）

藤原君:みなさん、お疲れ様です。東京モダン芸術学院の藤原拓也です。

上原さん：上原優子です。

劉　さん：劉晶晶です。はじめまして、どうぞよろしく、お願いいたします。

（从宾馆工作人员手中接过房卡。）

劉　さん：これは　何ですか。

ホテルマン：それは、部屋の　カード・キーです。

劉　さん：部屋の鍵ですね。

上原さん：劉さんの部屋は何番ですか。

劉　さん：777番です。

藤原　君：それは　ラッキー・ナンバーですね。

李　君：僕の　部屋は　818番です。

劉　さん：8は　中国の　ラッキー・ナンバーです。

藤原　君：なるほど。

孫　さん：わたしの　カード・キーは　どれですか。

劉　さん：孫さんの　カード・キーは　これです。

（房卡分发结束以后，大家进行商议。）

藤原　君：（开始分发东京时尚艺术学院的宣传手册）みなさん、どうぞ。

劉　さん：ありがとう　ございます。

藤原　君：この　ビルは　TM学院です。

みなさん：うわー！立派ですね。

李　君：（指着小册子）この　方は　誰ですか。

藤原　君：どなたですか。（指着小册子）この　方は　先生です。（この　方は）吉本先生で、デザインの　講師です。

劉　さん：この　人は　誰ですか。

藤原　君：（略带腼腆的样子）僕です。

上原さん：劉さん、これは　わたしの　ラインのIDです。090-0000-7777です。

劉　さん：ありがとうございます。わたしのは　1388-0000-8888です。

（谈话结束，正要解散。）

劉　さん：これは　藤原さんの　アイパッドですか。
藤原　君：いいえ、僕の　ではありません。上原さんのです。
劉　さん：藤原さんの　アイパッドは　どれですか。
藤原　君：僕の　アイパッドは　あれです。

IV. 新しい単語

表記/読み/アクセント	品詞/意味
四(よん)①	[数]四
これ⓪	[代]这，这个
カード①	[名]卡片
キー①	[名]钥匙
それ⓪	[代]那，那个
誰(だれ)①	[代]谁
方(かた)②	[名]人(敬语)
吉本(よしもと)③	[专]吉本
スマホ③	[专]智能手机
ファーウェイ(HUAWEI)③	[专]华为
アイフォン(iphone)①	[专]苹果手机
充電器(じゅうでんき)③	[名]充电器
デザイン②	[名]设计，创意
講師(こうし)①	[名]讲师
人(ひと)⓪	[名]人，人类
藤原(ふじわら)⓪	[专]藤原(日本姓氏)
君(くん)①	[接尾]对同辈以下的男孩子，男部下的称呼
僕(ぼく)①	[代]我(男性用语)
あれ⓪	[代]那，那个(远处)
上原(うえはら)⓪	[专]日本姓氏
拓也(たくや)①	[专]日本人名
優子(ゆうこ)①	[专]日本人名
部屋(へや)②	[名]房间
鍵(かぎ)②	[名]钥匙
～番(ばん)①	[名]～号

表記/読み/アクセント	品詞/意味
ラッキー①	[名・形动]幸运
ナンバー①	[名]数,数字
どれ①	[代]哪,哪个
孫(そん)①	[专]姓氏
ビル①	[名]大楼
うわ②	[叹]哇
立派(りっぱ)⓪	[形动]威严,气派,出色
どなた①	[代]哪位
ライン(Line)⓪	[名]一种日本公众社交平台
アイパッド(ipad)③	[专]苹果平板电脑

V. 学習ポイント解釈

1. [これ/それ/あれ]は [名]です

「これ」「それ」「あれ」是根据说话人与所指物体之间的距离远近而区别使用的指示代词。这里所说的距离,既包括空间的距离,也包括说话人所认为的心理距离。

◆ これは 何ですか。(这是什么?)

◆ これは カード・キーです。(这是房卡。)

◆ それは 電子辞書です。(那是电子词典。)

◆ あれは カバンですか。(那是包吗?)

当物体有三个以上且不能确定是哪一个时,可以用表示疑问的「どれ」表达。如:

◆ わたしの カード・キーは どれですか。(我的房卡是哪张?)

2. [この/その/あの]+[名1]は [名2]です

「この」「その」「あの」是修饰名词的连体词,其表示的位置关系与「これ」「それ」「あれ」相同。

◆ この　ビルは　TM学院です。（这栋大楼是东京时尚艺术学院。）

◆ この　方は　先生です。（这位是老师。）

另外，当不能确定具体对象时，可以用疑问词「どの」表示。如：

◆（看照片）どの　方ですか。（哪位？）

值得注意的是，「これ」「それ」「あれ」「どれ」是代词，可以单独使用，而「この」「その」「あの」「どの」是用来修饰名词的，不能作为句子成分单独使用。

◆ 藤原君の　アイパッドは　どれですか。（藤原君的苹果平板电脑是哪个？）

◆ 藤原君の　アイパッドは　どの　アイパッドですか。（藤原君的苹果平板电脑是哪个？）

×藤原君の　アイパッドは　どのですか。

3. ［名1］の　［名2］（所有）

「の」的用法很多，第3课里我们学习了表示所属的「の」。本课我们学习表示指示对象的所有、属性、内容说明等的「の」。

◆ それは　わたしの　アイフォンです。（这是我的苹果手机。）

◆ あれは　わたしのです。（那是我的。）

◆ それは　アイフォンの　充電器です。（那是苹果手机的充电器。）

◆ それは　部屋の　カード・キーです。（那是房间的卡钥匙。）

4. ［名1］は　［名2］で、［名3］です

在两个内容相关的名词句之间，用「で」连接，前面一句可以用名词谓语的形式。因为前后两句主题相同，后面句子的主题可以省略。

◆（この　方は）吉本先生で、デザインの　講師です。（这位是吉本先生，是教授设计课程的老师。）

◆ これは　カード・キーで、ホテルの　部屋キーです。（这是卡钥匙，宾馆的房间钥匙。）

5. ［名1］は　［名2］のです

在物品的所属非常明确的情况下，可以省略所属对象，而用助词「の」替代。

◆ この　アイパッドは　藤原さんのですか。（这个苹果平板电脑是藤原君的吗?）

◆ はい、それは　僕のです。（对，那个是我的。）

練習

練習A　文法練習

一、[例1]これは　充電器です。

　　[例2]それは　カード・キーです。

　　[例3]あれは　電子辞書です。

パソコン	かばん	机	いす	電子辞書
ボールペン	3DS(游戏机)	カメラ	スキャナー	プリンター

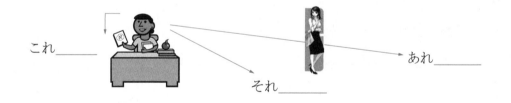

これ_____　　それ_____　　あれ_____

二、[例]　辞書/本→

　　A:これは　辞書ですか。

　　B:はい、そうです。

　　A:これは　本ですか。

　　B:いいえ、それは　辞書です。

1. パソコン/テレビ　　　　2. パスモ/カード・キー

3. 本/辞書　　　　　　　　4. 教科書/雑誌

三、[例]　藤原/アイフォン→

　　それは　藤原さんの　アイフォンです。

1. 劉/アイパッド　　　　　　　　　2. 張/カード・キー

3. 上原/パスモ　　　　　　　　　　4. 橋本/IDカード

四、［例］　日本語/教科書　→

　　　あれは　日本語の　教科書です。

1. DS/充電器　　　　　　　　　　2. 日本語/辞書

3. デザイン/本　　　　　　　　　　4. 部屋/鍵

練習B　会話練習

一、［例］　① 吉本先生　② 教師

　　　A：上原さん、あの方は　どなたですか。

　　　B：あの方は　①吉本先生で、②教師です。

　　　A：そうですか。

1. ① 田中　② 日本語の　先生

2. ① 小林　② 中国語の　先生

3. ① 吉本　② デザインの先生

二、［例］

　　　A：すみません。あれは　何ですか。

　　　B：どれですか。

　　　A：あの　建物です。

　　　B：あ、あの　建物は　スカイツリーです。

　　　A：そうですか。

1. TM学院

2. 図書館

3. 銀行

4. 郵便局

三、[例]　①DS　　②藤原さん　　③上原さん

　　A:すみません。これは　何ですか。

　　B:ああ、それは　①DS　です。

　　A:①DS ですか。②藤原さんのですか。

　　B:いいえ、それは　③上原さんのです。わたしのは　これです。

　　A:そうですか。

1. ① IDカード　　② 鈴木さん　　③ 吉田さん
2. ① 電子辞書　　② 村田さん　　③ 中村さん
3. ① ノート　　　② 張さん　　　③ 孫さん

四、日汉翻译

1. これは　学生証です。
2. あの　建物は　駅です。
3. これは　だれの　傘ですか。
4. 王先生は　中国人で、日本語の　先生です。
5. この　カバンは　上原さんのです。

五、汉日翻译

1. 这是我的护照。
2. 那是天空树。
3. 那个是我的包。
4. 这是日语教科书,是会话教科书。
5. 老师的包是哪个?

扩展单词

パソコン⓪	个人电脑	鞄(かばん)⓪	包，挎包
ボールペン⓪	圆珠笔	椅子(いす)⓪	椅子
本(ほん)①	书	3DS(スリーディーエス)⑥	三维任天堂游戏机
パスモ①	交通卡	銀行(ぎんこう)⓪	银行
建物(たてもの)②③	建筑物	スカイツリー⑤	天空树，指新东京电视塔。
電子辞書(でんしじしょ)④	电子词典		

理解当代中国

2014年3月29日，国家主席习近平在柏林会见德国汉学家、孔子学院教师代表和学习汉语的学生代表，同他们就加强中德语言文化交流进行座谈。习近平总书记指出，一个国家文化的魅力、一个民族的凝聚力主要通过语言表达和传递。掌握一种语言就是掌握了通往一国文化的钥匙。学会不同语言，才能了解不同文化的差异性，进而客观理性看待世界，包容友善相处。

http://www.banyuetan.org/chcontent/zx/yw/2014330/97846.shtml. 根据"中共中央宣传部委托新华通讯社主办　半月谈网谈天下"撰写

第5課
東京モダン芸術学院は新宿にあります

場景

刘晶晶等六位同学拜访了位于新宿的东京时尚艺术学院。桥本彻带领他们参观了学校的图书馆、食堂以及时尚商务课程的教室。

I. 学習ポイント

1. ここは 食堂です。
2. 学院の 中に ATMが あります。
3. 図書館に 学生たちが います。
4. トイレは エレベーターの 横に あります。
5. 守衛さんは 一階に います。
6. 親子丼や 焼き魚定食などが あります。

II. 基本会話

1. A：ここは 国際交流センターです。
   B：あそこは 何の 建物ですか。
   A：あそこは 都庁です。

2. A：施設の 中に 何が ありますか。
   B：ファッション博物館が あります。
   A：近くに ATMは ありますか。
   B：ええ、学院の 中に あります。

3. A：教室に だれが いますか。
   B：ええと、藤原君と 上原さんが います。

4. A：トイレは どこに ありますか。
   B：男性トイレは ここに ありません。
   　トイレは エレベーターの 横です。

5. A：守衛さんは どこに いますか。
   B：守衛さんは １階に います。
   A：吉本先生は 何階に いますか。
   B：吉本先生は ６階に います。

6. A：ランチメニューが たくさん ありますね。
   B：はい。親子丼や 焼き魚定食などが あります。

III. 応用会話

（王仙娥老师和刘晶晶一行到东京时尚艺术学院参观学习，桥本很热心地为他们介绍学院的设施。藤原和上原在新宿站的检票口等他们，一起从新宿站出发。）

劉　さん：TM学院は どこに ありますか。
藤原　君：ほら、あそこ。あそこの 高層ビルです。

みなさん：えっ。

王　先生：近くに　ATMは　ありますか。

上原さん：ええと。

劉　さん：あそこは　銀行ですか。

上原さん：いいえ、銀行ではありません。

藤原　君：ATMは　学院の中にあります。

劉　さん：学生寮は　ありますか。

上原さん：いいえ、学生寮は　ありません。

劉　さん：上原さんは　一人暮らしですか。

上原さん：いいえ、姉が　東京に　います。姉と　二人暮らしです。

（东京时尚艺术学院大厅。）

橋本さん：みなさん、おはよう　ございます。

王　先生：おはようございます。きょうは、よろしく　お願い　いたします。

橋本さん：国際交流センターは、7階に　あります。どうぞ。

（国际交流中心里悬挂着很多国家的国旗。）

李　君：いろいろな　国の　留学生が　いますね。

橋本さん：はい。アメリカや　ブラジル、中国など　10ヵ国の　留学生が　います。

劉　さん：図書館と　食堂は　どこに　ありますか。

橋本さん：図書館は　18階に　あります。食堂は　22階に　あります。

（在22楼）

劉　さん：学生が　大勢　いますね。和食コーナーの　左に　ラーメンコーナーが　あります。

高　さん：右に　パスタコーナーが　あります。

孫　さん：テーブルの　上に　花も　あります。

李　君：あの　ボックスの　中に　何が　ありますか。

上原さん：塩や　醬油、お酢などが　あります。

李　君：ランチメニューが　たくさん　ありますね。

藤原　君：はい。親子丼や　焼き魚定食などの　人気メニューが　たくさん　あります。

張　さん：(视线转换)ほら、富士山です。

高　さん：どこですか。

張　さん：(用手指着)あそこ。あそこは　富士山ですよね。

上原さん：はい、そうです。

みなさん：太棒了！すばらしいですね。

Ⅳ. 新しい単語

表記/読み/アクセント	品詞/意味
ここ⓪	[代]这里
食堂(しょくどう)⓪	[名]食堂
中(なか)①	[名]中,里面
有ります(あります)①	[自五]有,在
図書館(としょかん)②	[名]图书馆
～達(～たち)	[接尾]们,(表复数)
居ます(います)②	[自一]有,在(人,动物)
トイレ①	[名]厕所
エレベーター③	[名]电梯
横(よこ)⓪	[名]横,侧面
守衛(しゅえい)⓪	[名]警卫,保安
～階(～かい/がい)①	[名・接尾]层
親子丼(おやこどん)⓪	[名]鸡肉鸡蛋盖浇饭
焼き魚(やきざかな)③	[名]烤鱼
定食(ていしょく)⓪	[名]套餐
国際(こくさい)⓪	[名]国际
交流(こうりゅう)⓪	[名・自サ]交流
センター①	[名]中心
あそこ⓪	[代]那里(远处)
建物(たてもの)②③	[名]建筑物
都庁(とちょう)①	[名]东京都政府

续表

表記/読み/アクセント	品詞/意味
施設(しせつ)①	[名]设施
ファッション①	[名]时尚
博物館(はくぶつかん)④③	[名]博物馆
近く(ちかく)②①	[名]附近
ええ①	[叹](肯定应对)嗯,对
教室(きょうしつ)⓪	[名]教室
ええと⓪	[叹](思索时自言自语)啊,唉
どこ①	[代]哪里
男性(だんせい)⓪	[名]男性
ランチ①	[名]午餐
メニュー①	[名]菜单
何階(なんかい)⓪	[名]几楼
たくさん③	[副]很多
ほら①	[感]瞧
高層(こうそう)⓪	[名]高层
ビル①	[名]大楼
銀行(ぎんこう)⓪	[名]银行
寮(りょう)①	[名]宿舍
一人(ひとり)②	[名]一人,单人
暮らし(くらし)⓪	[名]生活
一人暮らし(ひとりぐらし)④	[名]单身生活
姉(あね)①⓪	[名]姐姐
二人(ふたり)③	[名]二人,双人
今日(きょう)①	[名]今天
色々(いろいろ)⓪	[形動]各种各样
国(くに)⓪	[名]国家
留学生(りゅうがくせい)③	[名]留学生
アメリカ⓪	[专]美国
ブラジル⓪	[专]巴西
大勢(おおぜい)③	[副]众多,很多人
和食(わしょく)⓪	[名]日本饮食
コーナー①	[名]角,柜台
左(ひだり)⓪	[名]左

续表

表記/読み/アクセント	品詞/意味
ラーメン①	[名]拉面
右(みぎ)⓪	[名]右
パスタ①	[名]通心粉
テーブル⓪	[名]桌子,平台
花(はな)②	[名]花
ボックス①	[名]箱子,盒子
塩(しお)②	[名]盐
醤油(しょうゆ)⓪	[名]酱油
酢(す)①	[名]醋
人気(にんき)⓪	[名]人气,受欢迎
富士山(ふじさん)①	[专]富士山
素晴らしい(すばらしい)④	[形]好,出色,华美

V. 学習ポイント解釈

1. ［ここ/そこ/あそこ］は ［名］です

「ここ」「そこ」「あそこ」是表示地方、场所的代词。指示对象的位置关系与「これ」「この」系列相似。

- ここは 国際交流センターです。（这里是国际交流中心。）
- あそこは 図書館です。（那里是图书馆。）

询问事物存在的地方时,用疑问词「どこ」表达。

- トイレは どこに ありますか。（厕所在哪里？）

2. ［名(場所)］に ［名詞］が あります

日语对事物的存在按动物和非动物两类使用不同的状态动词。人和动物之外的物体存在状态,使用「あります」表达,相当于汉语的"在～""有～"。助词「が」提示存在的物体。

- 学院の 中に ATMが あります。（学校里有自动取款机。）
- テーブルの 上に 花瓶が あります。（桌子上有花瓶。）

询问某场所有什么东西时,可以用疑问词「なに(何)」来表达。

◆ 学院の　中に　何が　ありますか。(学校里都有些什么?)

注意:使用疑问词提问时,一定要用助词「が」,回答时也要用「が」提示主语。

◆ (学院の　中に)教室や　図書館が　あります。(〈学校里〉有教室和图书馆。)

3. [名(場所)]に　[名詞]が　います

同样表示存在,人和动物的存在状态使用「います」,可翻译成"在～""有～"。

◆ 図書館に　学生たちが　います。(图书馆里有很多学生。)

◆ 教室に　藤原君と　上原さんが　います。(藤原和上原在教室里)

4. [名]は　[名(場所)]に　あります

表达物体位置的句型,与表示事物存在的句型相似。但是,提示物体的名词在句中的位置与存在句正好相反,要用助词「は」提示,句末用「あります」表示,意思相当于汉语的"在"。

◆ 国際交流センターは　7階に　あります。(国际交流中心在7楼。)

◆ 食堂は　22階に　あります。(食堂在22楼。)

5. [名]は　[名(場所)]に　います

表达人物或动物的位置时,该名词要用助词「は」提示,句末用「います」表示,意思相当于汉语"在"。

◆ 守衛さんは　1階に　います。(门卫在1楼。)

◆ 吉本先生は　6階に　います。(吉本老师在6楼。)

6. [名1]や　[名2](など)

「～や～など」是列举(一例或多例)形式,表示还有多种与所举例子具有类似特征的事物。可以翻译为"……和……等",「など」有时也可以省略。

◆ アメリカや　ブラジル、中国など　10カ国の　留学生が　います。(有美国、巴西、中国等10个国家的留学生。)

◆ 親子丼や　焼き魚定食などの　人気メニューが　たくさん　あります。(有鸡肉鸡蛋

盖浇饭、烤鱼套餐等很多受欢迎的品种。）

7. 表示位置的词

表示具体位置的单词主要有：「上/下/前/後ろ/中/外/左/右/横/隣/近く/そば」。

◆ トイレは エレベーターの 横に あります。（厕所在电梯的旁边。）
◆ 学院の 中に ATMが あります。（学校里有自动取款机。）
◆ 和食コーナーの 左に ラーメンコーナーが あります。（日餐区的左边有拉面区。）
◆ 右に パスタコーナーが あります。（右边有意大利面区。）
◆ テーブルの 上に 花瓶が あります。（桌子上有花瓶。）

練習A 文法練習

一、［例］ ここ/食堂　　ここは 食堂です。

1. あそこ/郵便局　　　　　　　　2. そこ/教室
3. あそこ/銀行　　　　　　　　　4. ここ/図書館

二、［例］ 学院の 中/ATM　　学院の 中に ATMが あります。

1. 机の 上/パソコン　　　　　　2. 椅子の 下/靴
3. 壁/ポスター　　　　　　　　　4. 郵便局の 隣/銀行

三、［例］ 食堂/上原さん → 食堂に 上原さんが います。

1. 国際交流センター/橋本さん　　2. 図書館/藤原君
3. コーヒーコーナー/学生たち　　4. 食堂/孫さんと 高さん

四、［例］ TM学院/ホテル/右 → TM学院は ホテルの 右に あります。

1. 都庁/新宿駅/西　　　　　　　2. ヤマダ電機/新宿駅/右
3. ヨドバシカメラ/ビックカメラ/北　4. ユニクロ/ヤマダ電機/南

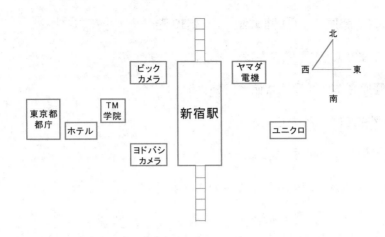

五、[例] 吉本先生／教室　　吉本先生は　教室に　います。

1. 藤原さん／郵便局　　　　　　2. 劉さんと　張さん／ユニクロ

3. 李さん／ビックカメラ　　　　4. 孫さん／ヨドバシカメラ

六、[例] TM学院／食堂／ATM

　　　　TM学院に　食堂や　ATMなどが　あります。

1. 新宿駅／レストラン／コンビニ　　2. 大学／スーパー／図書館

3. テーブルの　上／本／ボールペン　　4. 図書館／本／パソコン

練習B　会話練習

一、[例] ①郵便局　②銀行　③コンビニ

　　A:①郵便局の　近くに　何が　ありますか。

　　B:②銀行や　③コンビニ(など)が　あります。

　　A:そうですか。

1. ① TM学院　　　② ビックカメラ　　　③ ヨドバシカメラ

2. ① 新宿駅　　　② ヤマダ電機　　　　③ ユニクロ

3. ① 都庁　　　　② TM学院　　　　　③ ホテル

二、[例]　①藤原　　②図書館　　③18階

　　A:すみません、①藤原さんは　どこに　いますか。

　　B:①藤原さんは　②図書館に　います。

　　A:②図書館は　どこですか。

　　B:③18階に　あります。

　　A:そうですか。ありがとうございます。

1. ①上原　　　　　②食堂　　　　　　　　③22階
2. ①橋本　　　　　②国際交流センター　　③3階
3. ①吉本先生　　　②デザイン教室　　　　③6階

三、[例]　①トイレ　　②マクドナルド

　　A:すみません。

　　B:はい、何ですか。

　　A:①この　近くに　トイレは　ありますか。

　　B:①トイレですか。あの　ビルの　横に　②マクドナルドが　あります。

　　①トイレは　②あの　マクドナルドの　中に　あります。

　　A:そうですか。どうも　ありがとうございます。

1. ①図書館　　　　②あのビル
2. ①ATM　　　　　②新宿駅
3. ①郵便局　　　　②このビルの1階

四、[例]　①食堂　　②王先生と　劉さん　　③テーブルの　上　　④醤油　　⑤お酢

　　A:①食堂に　誰が　いますか。

　　B:②王先生と　劉さんが　います。

　　A:③テーブルの　上に　何が　ありますか。

　　B:④醤油や　⑤お酢などが　あります。

1. ① 教室　　② 吉本先生　　　③ 教室　　④ 机　　⑤ 椅子
2. ① 図書館　② 吉本先生と　学生たち　③ 図書館　④ 本　⑤ 辞書
3. ① 部屋　　② 劉さんと上原さん　　③ かばん　④ 辞書　⑤ ノート

五、日汉翻译

1. あそこは　富士山です。

2. 学院の　中に　本屋が　あります。

3. いすの　下に　ネコが　います。

4. トイレは　会議室の　隣に　あります。

5. 女性トイレは　何階に　ありますか。

6. コンビニは　食べ物や　飲み物が　あります。

六、汉日翻译

1. 这里是图书馆。

2. 学校里有自动取款机吗？

3. 食堂里有很多学生。

4. 东京时尚艺术学院在新宿站附近。

5. 大家都在一楼。

6. 车站大楼里有银行、邮局、咖啡馆等。

扩展单词

上(うえ)⓪②	上	南(みなみ)⓪	南
花瓶(かびん)⓪	花瓶	北(きた)⓪②	北
下(した)⓪②	下	壁(かべ)⓪	墙,墙壁
前(まえ)①	前	新宿駅(しんじゅくえき)⑤	新宿站
後ろ(うしろ)⓪	后	ビックカメラ④	大型电器店名
外(そと)①	外	ヨドバシカメラ⑤	大型电器店名
隣(となり)⓪	邻,旁	ヤマダ電機(でんき)④	大型电器店名
そば①	旁边	ユニクロ⓪	优衣库
東(ひがし)⓪③	东	マクドナルド④	麦当劳
西(にし)⓪	西		

理解当代中国

　　《北京欢迎你》是在北京奥运会倒计时100天之际，由北京奥组委推出的一首由100名歌星演唱的奥运主题歌。整首歌曲以"同一个世界，同一个梦想"为主题，具有民谣歌曲的特色。歌曲以北京普通人家的视角，采用热情的音符表达北京奥运到来时人们喜悦的心情和对北京奥运客人的欢迎之意。此外，在音乐电视里这首歌曲还融入了北京很多地标景观，具有浓厚的北京特色，展示了北京乃至中国悠久的文化历史。

　　https：//baike.baidu.com/item/％E5％8C％97％E4％BA％AC％E6％AC％A2％E8％BF％8E％E4％BD％A0/5194？fr=ge_ala 根据"百度百科"撰写

第6課

食堂は 11時から 14時までです

場景

桥本和大家回到会议室,向大家介绍东京时尚艺术学院的情况,然后带大家去参观了吉本老师的时尚设计教室和设施。

I. 学習ポイント

1. この 学校に 学科・コースが 5つあります。
2. 会議室には 誰も いません。
3. 留学生は 160名も います。
4. ウインドウズは 1台しか ありません。
5. 食堂は 11時から 14時までです。
6. 「数詞＋助数詞」で～円です。

Ⅱ. 基本会話

1. A：どんな　学科・コースが　ありますか。
   B：ファッション工科などの　学科が　5つ　あります。
   A：留学生は　いますか。
   B：はい、160名　います。

2. A：教室に　誰が　いますか。
   B1：橋本さんと　王先生が　います。
   B2：誰も　いません。

3. A：TM学院に　留学生が　160名　います。
   B：え、160名も　いますか。

4. A：ファッションデザインの　教室に　パソコンが　20台　あります。
   B：ウィンドウズですか。
   A：いいえ、ウィンドウズは　1台しか　ありません。

5. A：食堂は　何時からですか。
   B：11時からです。11時から　2時までです。
   A：昼休みは　何時から　何時までですか。
   B：12時から　1時までです。

6. A：サイドメニューが　豊富ですね。
   B：そうですね。チキンナゲットは　5コで　180円です。
   A：エビ・シューマイは　3コで　250円です。

Ⅲ. 応用会話

（在TM学院，桥本正在热心地为大家介绍学院的情况。）

（在会议室）

橋本さん：みなさん、お疲れ様です。ご質問は　ありますか。

劉　　さん：TM学院に　どんな　学科・コースが　ありますか。

橋本さん：ファッションデザインや、ファッションビジネスなどの　学科・コースが　5つあります。

王　先生：留学生は　いますか。

橋本さん：いますよ。150名ぐらい　います。

王　先生：150名も　いますか。

橋本さん：はい。中国や　韓国、ベトナムなどの　留学生が　多数います。

（在时尚设计专业的教室。）

劉　　さん：（走进教室）教室に　誰も　いませんね。

橋本さん：はい、今日は　パリ・コレ日本オーディションが　あります。

劉　　さん：そうですか。（走向陈列橱柜）あれは　何ですか。

橋本さん：どれですか。ああ、あれは　トロフィーです。毎年　受賞者が　10数名　います。トロフィーや　賞状などが　たくさん　あります。

劉　　さん：10数名も　いますか。

藤原　君：男の　優勝者は　一人しか　いません。

劉　　さん：わたしたちも　李君しか　いません。（大家都笑了）

李　　君：パソコンが　たくさん　ありますね。マックですか。

藤原　君：そうですね。ウインドウズは　1台しか　ありません。

橋本さん：そろそろ　お昼の　時間です。

王　先生：食堂は　何時からですか。

橋本さん：11時からです。11時から　2時までです。

王　先生：昼休みは　何時から　何時までですか。

橋本さん：12時から　1時までです。

藤原　君：エビ・シューマイが　3コで　250円です。

橋本さん：ギョーザも　あります。5コで　280円です。

王　先生：みなさん　食いしん坊ですね。

李　　君：ラー油は　ありますか。

藤原君：そうですね。(找了找)どこにも ありませんね。すみません。
李君：いいえ。大丈夫です。じゃ、いただきます。

IV. 新しい単語

表記/読み/アクセント	品詞/意味
学科(がっか)⓪	[名]学科，专业
コース①	[名]学科，课程，线路
5つ(いつつ)②	[名]五个
会議室(かいぎしつ)③	[名]会议室
～名(～めい)	[接尾]～名，～人
ウィンドウズ①	[专]Windows
～台(～だい)	[接尾]～台
～時(～じ)	[接尾]～时，～点
～円(～えん)	[接尾]～日元
ご～/お～	[接头]表尊敬或高雅
どんな①	[形动]怎样的
数え方(かぞえかた)⓪	[名]数法
工科(こうか)①	[名]工科
デザイン②	[名]设计、创意
パソコン⓪	[名]个人电脑
昼休み(ひるやすみ)③	[名]午休，午睡
サイドメニュー	[名]点心菜单
豊富(ほうふ)⓪	[形动]丰富
チキンナゲット④	[专]炸鸡块
エビ⓪	[专]虾
シューマイ⓪	[专]烧麦
種類(しゅるい)①	[名]种类
質問(しつもん)⓪	[名・自他サ]问题，询问
ビジネス①	[名]商务
～ぐらい	[副助]～左右
韓国(かんこく)①	[专]韩国
ベトナム④	[专]越南
多数(たすう)②	[名]多数

续表

表記/読み/アクセント	品詞/意味
パリ・コレ⓪	[专]巴黎时装节
オーディション③	[名]电视节目
トロフィー①	[名]奖杯
毎年(まいとし)⓪	[名]每年
受賞者(じゅしょうしゃ)②	[名]获奖者
賞状(しょうじょう)⓪③	[名]奖状
マック(Mac)(マッキントッシュ)①	[专]苹果电脑
そろそろ①	[副]不久,就要
ギョーザ⓪	[专]饺子
食いしん坊(くいしんぼう)③	[名]嘴馋的人
ラー油(ラーゆ)⓪	[名]辣油
大丈夫(だいじょうぶ)③	[形动]没关系,不要紧
個(コ)①	[名]个

V. 学習ポイント解釈

1. ［名］が/は ［数］ あります/います

表示事物或人物的数量时,数量词的位置介于助词「が」和「あります」(或「います」)之间。根据所表达的事物是否具有情感意志,分别使用「あります」或「います」。

◆ 学科・コースは 5つ あります。(学科・方向有5个。)

◆ 留学生が 120名 います。(留学生有120名。)

◆ チキンナゲットが 5コ あります。(炸鸡块有5块。)

◆ デザインの 先生が 12名 います。(教设计的老师有12名。)

2. ［(誰/何/どこ)疑問詞］も ありません/いません

疑问词＋否定,表示什么都没有。

(1) 询问有什么人时,可以用疑问词「誰」或「どなた」来表达。如果什么人都没有的话,用「疑问词＋も＋いません」。「疑问词＋か」的「か」表示说话人不能确定是否有人。如：

◆ 教室に 誰か いますか。(房间里有什么人没有?)

——いいえ、(教室に)誰も　いません。(没有，房间里什么人都没有。)

(2) 询问有什么东西时，可以用疑问词「何」来表达。如果什么东西都没有的话，用「疑問詞＋も＋ありません」。「疑問詞＋か」的「か」表示说话人不能确定是否有东西。如：

◆ 冷蔵庫に　何か　ありますか。(冰箱里有什么东西没有？)

——(冷蔵庫に)何も　ありません。(没有，冰箱里什么都没有。)

(3) 表示哪里都没有的时候，用「どこ＋に＋も」表示。如：

◆ (ラー油が)どこにも　ありません。(〈辣油〉哪里都没有。)

3. [名]/[数]も　あります/います

助词「も」表示超过预测的数字或极限。汉语可用"居然""竟然"表示。

◆ 150名も　います。(有150名啊。)

◆ サイドメニューが　30種類も　ありますね。(副食有30种啊。)

4. [名]/[数]しか　ありません/いません

「しか」前面接名词或数量词，后续「ありません」或「いません」，表示"非常少""很不够"的意思。

◆ ウィンドウズは　1台しか　ありません。(微软电脑只有1台。)

◆ 男の　優勝者は　1人しか　いません(男的优胜者只有一位。)

5. [名1](時間)から　[名2](時間)まで

助词「から」表示某动作从某个时刻开始，「まで」表示某动作至某个时刻结束，可以分别翻译成"从～开始""到～结束"。这两个词也可以一起使用，表示某个时间段。

◆ 食堂は　11時からです。11時から　14時までです。(食堂从11点开始，至14点结束。)

◆ 昼休みは　12時から　1時までです。(午间休息从12点开始，到1点结束。)

时间的表达方式可以用12小时制，也可以用24小时制。

いちじ	にじ	さんじ	よじ	ごじ	ろくじ	しちじ	はちじ	くじ	じゅうじ	じゅういちじ	じゅうにじ
1時	2時	3時	4時	5時	6時	7時	8時	9時	10時	11時	12時

じゅうさんじ	じゅうよじ	じゅうごじ	じゅうろくじ	じゅうしちじ	じゅうはちじ	じゅうくじ	にじゅうじ	にじゅういちじ
13時	14時	15時	16時	17時	18時	19時	20時	21時

にじゅうにじ	にじゅうさんじ	にじゅうよじ
22時	23時	24時

6. ［数詞＋助数詞］で〜円

用助词「で」表示前后两个数量之间存在关系，即「で」后面的数量是在其前面数量的条件下成立的。

◆ チキンナゲットが　5コで　180円です。（炸鸡块5块180日元。）

◆ エビ・シューマイが　3コで　250円です。（虾仁烧卖3个250日元。）

◆ ギョーザも　あります。5コで　280円です。（也有煎饺。5个280日元。）

7. 常用基数词

0	れい/ぜろ	10	じゅう	20	にじゅう
1	いち	11	じゅういち	30	さんじゅう
2	に	12	じゅうに	40	よんじゅう
3	さん	13	じゅうさん	50	ごじゅう
4	し/よん	14	じゅうよん	60	ろくじゅう
5	ご	15	じゅうご	70	ななじゅう
6	ろく	16	じゅうろく	80	はちじゅう
7	しち/なな	17	じゅうしち/じゅうなな	90	きゅうじゅう
8	はち	18	じゅうはち	100	ひゃく
9	く/きゅう	19	じゅうく/じゅうきゅう	0.1	れいてんいち
1/4	よんぶんのいち	1/2	にぶんのいち	2/3	さんぶんのに

8. 常用数量词

	〜つ	〜個(こ)	〜枚(まい)	〜本(ほん、ぽん、ぼん)	〜冊(さつ)	〜匹(ひき)	〜円(えん)
	圆小的东西（苹果、鸡蛋等）		薄片的东西（纸、碟等）	细长的东西（笔、伞等）	书本、笔记本等	小动物	金额
?	いくつ	なんこ	なんまい	なんぼん	なんさつ	なんびき	いくら/なんえん
1	ひとつ	いっこ	いちまい	いっぽん	いっさつ	いっぴき	いちえん
2	ふたつ	にこ	にまい	にほん	にさつ	にひき	にえん
3	みっつ	さんこ	さんまい	さんぼん	さんさつ	さんびき	さんえん
4	よっつ	よんこ	よんまい	よんほん	よんさつ	よんひき	よえん
5	いつつ	ごこ	ごまい	ごほん	ごさつ	ごひき	ごえん
6	むっつ	ろっこ	ろくまい	ろっぽん	ろくさつ	ろっぴき	ろくえん
7	ななつ	ななこ	ななまい	ななほん	ななさつ	ななひき	ななえん
8	やっつ	はっこ	はちまい	はっぽん	はっさつ	はっぴき	はちえん
9	ここのつ	きゅうこ	きゅうまい	きゅうほん	きゅうさつ	きゅうひき	きゅうえん
10	とお	じゅっこ	じゅうまい	じゅっぽん	じゅっさつ	じゅっぴき	じゅうえん

練習A 文法練習

一、[例] りんごが 3コ あります。

1. ギョーザ/5コ　　　　　　2. バラ/1本
3. 教科書/2冊　　　　　　　4. CD/10枚

二、[例] 留学生が 150人 います。

1. 先生/12名　　　　　　　2. パンダ/1頭
3. 犬/2匹　　　　　　　　　4. 猫/3匹

三、[例] アイフォン/3台　→　アイフォンが 3台も あります。

1. CD/100枚
2. 食堂/4つ
3. チキンナゲット/100コ
4. 学生/2人

四、[例] パンダ/2頭　→　パンダは 2頭しか いません。

1. 学生/2人　　　　　　　　2. パンダ/1頭
3. 守衛さん/1人　　　　　　4. 犬/1匹

五、[例] シューマイ/3コ/250円　→　この シューマイは 3コで 250円です。

1. ボールペン/5本/100円
2. ミルク/2本/300円
3. ノート/3冊/198円
4. シューマイ/5コ/298円

練習 B　会話練習

一、［例］　A：①この　学校には　②学生が　何人　いますか。

B：10,000人ぐらい　います。

A：③先生は　何人　いますか。

B：500人ぐらい　います。

1. ① 劉さんの　学校　　　② 学生　　　③ 先生
2. ① TM学院　　　　　　② 学生　　　③ 先生
3. ① 孫さんの学校　　　　② 学生　　　③ 先生

二、［例］　①ペンギンや象　②ペンギン　③羽

A：すみません、子ども動物園に　どんな　動物が　いますか。

B：ええと、①ペンギンや象などが　います。

A：そうですか。②ペンギンは　何③羽　いますか。

B：12③羽います。

1. ① サルや　シカ　　② シカ　　③ 頭
2. ① リスや　ハト　　② ハト　　③ 羽
3. ① サルや　象　　　② 象　　　③ 頭

三、［例］　①パンダ　　②1頭

A：①パンダは　何頭　いますか。

B：②1頭　います。

A：②1頭③しか　いませんか。

B：はい。そうです。

1. ① シカ　　② 1頭
2. ① ペンギン　② 2羽
3. ① ライオン　② 3頭

4. ① 犬　　　② 2 匹

四、[例]　①ボールペン　②3本　③200円

　　　　A:すみません、この　①ボールペンは　いくらですか。

　　　　B:1本、80円です。

　　　　A:②3本で　いくらですか。

　　　　B:②3本ですか。　②3本で　③200円です。

1. ① コーヒー　　② 5本　　③ 380円
2. ① コーラ　　　② 3本　　③ 220円
3. ① ボールペン　② 1箱　　③ 1500円

五、日汉翻译

1. TM学院には　留学生が　150名　います。

2. 冷蔵庫に　何も　ありません。

3. 毎年　優勝者が　10数人も　います。

4. ペンギンは　1羽しか　いません。

5. 会社は　8時から　17時までです。

6. アイスクリームは　1箱で　698円です。

六、汉日翻译

1. 我们学校有两个食堂。

2. 我们班一个男生都没有。

3. 桥本家里竟然有3辆车。

4. 日语系只有1台电脑。

5. 比赛从8点到12点。

6. 番茄5个298日元。

扩展单词

冷蔵庫(れいぞうこ)③	冰箱	～枚(まい)	张,枚
～本(ほん)	根,条	～冊(さつ)	册,本
～匹(ひき)	条(动物)	～頭(とう)	头(动物)
～羽(わ)	只(动物)	パンダ①	熊猫
犬(いぬ)②	狗	猫(ねこ)①	猫
バラ⓪	玫瑰花	ミルク①	奶,牛奶
～人(にん)	～人(三人或以上)	学校(がっこう)⓪	学校
ノート①	笔记簿,本	～千(せん)	～千
～万(まん)	～万	ペンギン⓪	企鹅
～百(ひゃく)	～百	動物園(どうぶつえん)④	动物园
象(ぞう)①	大象	シカ⓪②	梅花鹿
サル①	猴子	ハト①	鸽子
リス①	松鼠	ウサギ⓪	兔子
ライオン⓪	狮子	～数人(すうにん)	～多人
台(だい)①	辆		

理解当代中国

　　2023年11月28日至12月2日,习近平总书记在上海考察时强调,上海要完整、准确、全面贯彻新发展理念,围绕推动高质量发展、构建新发展格局,聚焦建设国际经济中心、金融中心、贸易中心、航运中心、科技创新中心的重要使命,以科技创新为引领,以改革开放为动力,以国家重大战略为牵引,以城市治理现代化为保障,勇于开拓、积极作为,加快建成具有世界影响力的社会主义现代化国际大都市,在推进中国式现代化中充分发挥龙头带动和示范引领作用。

　　https://www.gov.cn/yaowen/liebiao/202312/content_6918294.htm 根据"中华人民共和国中央人民政府"网站资料撰写

第7課
上原さんは いつも 図書館で 勉強を します

場景

日本的学生们是如何度过学习生涯的呢？小刘向上原和藤原询问了详细情况。

I. 学習ポイント

1. 今 11時35分です。
2. 今日は 10月11日 水曜日です。
3. 上原さんは いつも 8時に 起きます。
4. 上原さんは 味噌汁を 飲みません。
5. 上原さんは 図書館で 勉強します。
6. 藤原君は 毎晩 8時から 10時まで **2時間** ゲームを します。

II. 基本会話

1. A: 今 何時ですか。

   B: 12時 35分です。

2. A: 今日は 何日ですか。

   B: 24日です。木曜日です。

   A: 水曜日ですよ。

   B: そうですか。水曜日ですね。

3. A: いつも 何時に 起きますか。

   B: 月曜日から 金曜日までは いつも 7時に 起きます。

   A: 授業は 何時に 始まりますか。

   B: 朝 9時に 始まります。

4. A: 毎朝 何を 食べますか。

   B: パンと 野菜サラダを 食べます。

5. A: いつも どこで 勉強を しますか。

   B: いつも 図書館で 勉強を します。ときどき、マクドナルドで 勉強します。

6. A: 毎日 何時間 勉強しますか。

   B: 学校で 朝9時から 午後4時まで 6時間ぐらい 勉強します。

   A: ゲームを しますか。

   B: はい。毎晩 8時から 10時まで 2時間 ゲームを します。

III. 応用会話

（午餐后，大家在一起谈论大学生活。）

みなさん: ごちそうさまでした。

劉さん: 今 何時ですか。

李君: (看手机)11時半です。

藤原　君：(看手机)えっ？ 12時半ですよ。

李　　君：あ、わたしのは　中国の　時間ですね。すみません。

劉　　さん：上原さんは　いつも　何時に　起きますか。

上原さん：平日は　8時ごろ　起きます。土日は　だいたい　9時です。

劉　　さん：授業は　何時からですか。

上原さん：1限目は　9時に　始まります。午後は　1時からです。中国の　学校は　何時からですか。

劉　　さん：私たちの　学校は　8時からです。わたしは　いつも　7時前に　起きます。

上原さん：それは　大変です。朝ご飯を　食べますか。

劉　　さん：はい。わたしは　いつも　食堂で　肉まんや　お粥を　食べます。毎日　豆乳を　飲みます。上原さんは　何を　食べますか。

上原さん：わたしは　パンと　野菜サラダを　食べます。ときどき、ご飯と　焼き魚も　食べます。

李　　君：味噌汁を　飲みますか。

上原さん：いいえ、味噌汁は　飲みません。毎日　牛乳を　飲みます。

李　　君：藤原君は　家で　いつも　何を　しますか。

藤原　君：いつも　ゲームを　します。毎晩　10時から　12時まで　2時間　ゲームを　します。

劉　　さん：新聞を　読みますか。

藤原　君：いいえ。ぜんぜん　読みません。

劉　　さん：じゃ、テレビを　見ますか。

藤原　君：たまに　ドラマを　見ます。ニュースは　ほとんど　スマホですね。

劉　　さん：家で　勉強を　しますか。

藤原　君：しません。学校の　図書館で　勉強します。ときどき　マクドナルドで　勉強します。

李　　君：いつも　何時に　寝ますか。

藤原　君：12時ごろです。毎日　12時から　7時まで　7時間　寝ます。

李　君：そうですか。私たちは　毎日　8時間以上　寝ます。

上原さん：劉さん、いよいよ　ホームステイですね。いつからですか。

劉　さん：えっと、23日から　25日までです。

上原さん：金曜日から　日曜日まで　三日間ですか。

劉　さん：はい。そうです。

藤原　君：そろそろ　授業の　時間です。

上原さん：あ、1時　5分前です。

Ⅳ. 新しい単語

表記/読み/アクセント	品詞/意味
いつも①	[副]经常,总是
勉強(べんきょう)⓪	[名・他サ]学习,用功
します⓪	[自他サ]做
今(いま)①	[名]现在
分(〜ふん/ぷん)	[名]〜分
月(〜がつ)	[名]〜月
日(〜にち)	[名]〜日
水曜日(すいようび)③	[名]星期三
起きます(おきます)③	[自一]起床
味噌汁(みそしる)③	[名]酱汤
飲みます(のみます)③	[他五]饮,喝
毎晩(まいばん)①	[名]每天晚上
時間(じかん)⓪	[名]时间
ゲーム①	[名]游戏
木曜日(もくようび)③	[名]星期四
月曜日(げつようび)③	[名]星期一
金曜日(きんようび)③	[名]星期五
授業(じゅぎょう)①	[名]上课,授课
始まります(はじまります)⑤	[自五]开始
朝(あさ)①	[名]早晨
食べます(たべます)③	[他一]吃

续表

表記/読み/アクセント	品詞/意味
パン①	[名]面包
野菜(やさい)⓪	[名]蔬菜
サラダ①	[名]色拉
時々(ときどき)⓪	[副]有时
マクドナルド④	[专]麦当劳
本(ほん)①	[名]书
毎日(まいにち)①	[名]每天
午後(ごご)①	[名]下午
〜ぐらい	[副助]左右
ご馳走様(ごちそうさま)⓪	[组]承蒙款待
半(〜はん)	[名]半
平日(へいじつ)⓪	[名]平日
土日(どにち)⓪	[名]周末,星期六/日
大体(だいたい)⓪	[副]大体,大概,大多数
寝坊(ねぼう)⓪	[名]睡懒觉
限目(〜げんめ)	[接尾]第〜节课
前(まえ)①	[名]前,前面
大変(たいへん)⓪	[形动]很,非常,严重
肉まん(にくまん)⓪	[名]肉包子
粥(かゆ)⓪	[名]粥
豆乳(とうにゅう)⓪	[名]豆浆
偶に(たまに)⓪	[副]偶尔
牛乳(ぎゅうにゅう)⓪	[名]牛奶
家(いえ)②	[名]家
新聞(しんぶん)⓪	[名]报纸
全然(ぜんぜん)⓪	[副]完全、全然(接否定)
テレビ①	[名]电视机
ドラマ①	[名]剧、戏剧
見ます(みます)②	[他一]看
ニュース①	[名]新闻
殆ど(ほとんど)②	[副]几乎,大部分
スマホ③	[名]智能手机
テスト①	[名]测试、考试

表記/読み/アクセント	品詞/意味
休みます(やすみます)④	[自五]休息
寝ます(ねます)②	[自一]睡觉
以上(いじょう)①	[名]以上
いよいよ②	[副]越发,更加,终于
ホームステイ⑤	[名]寄宿民家体验
二泊三日(にはくみっか)①+②	[组]3天2晚
わくわく①	[副・自サ]心扑通跳

V. 学習ポイント解釈

1. 動詞の「連用形」「基本形」及び「マス形」

本课出现的「起きます」「飲みます」「勉強します」「します」都是日语的动词。

日语的动词由表示内容的词干和可以变化的词尾构成,词干多用汉字表示,词尾则用假名表示。动词词尾根据接续的需要会产生「未然形」「連用形」「終止形」「仮定形」「命令形」等多种活用形式。

日语教学中,最初接触的动词都是以后续「マス」的形态出现的,这种变化形态是动词最常用连用形式之一,通常被称作「マス形」。而词典中出现的则是动词的基本形,也称词典型。

根据动词的词干和词尾在五十音图所处位置的不同,动词可以分为以下几种类型:

(1) **五段活用动词** 词尾在五十音图的「ア、イ、ウ、エ、オ」段中产生变化的动词。词尾在「カ」行(如:書く)的称为「カ行五段活用動詞」,词尾在「サ」行的称为「サ行五段活用動詞」,以此类推。如:飲みます。

(2) **一段活用动词** 一段动词的词尾由两个假名构成。词尾最后的假名都是「る」。

词尾的第一个假名在「イ」段的,称为"上一段动词",如:起きます。

词尾的第一个假名在「エ」段的,称为"下一段动词",如:食べます。

类似「見る」「寝る」,词尾只有一个假名的动词,「み」「ね」既是词干,也是词尾。

(3) **「サ変」活用动词** サ变动词「する」的「す」,既是词干,也是词尾。

类似「勉強する」「わくわくする」的「する」,则是词尾。

(4)「カ変」活用动词 サ変动词只有一个动词「来る(くる)」,「く」既是词干,也是词尾。

＊「カ变」动词将在第8课出现。

动词种类	段	連用形(マス形)	终止形(辞書形)	語幹(词干)	語尾(词尾)
五段活用动词	ウ段	飲みます	飲む	の	む
	ウ段	読みます	読む	よ	む
	ウ段	書きます	書く	か	く
一段活用动词（上一段）	イ段	起きます	起きる	お	きる
	イ段	見ます	見る	（み）	みる
一段活用动词（下一段）	エ段	食べます	食べる	た	べる
	エ段	寝ます	寝る	（ね）	ねる
サ変	サ変	します	する	（す）	する
	サ変	勉強します	勉強する	べんきょう	する
カ変	カ変	来ます	来る	（く）	くる

动词「連用形」之一的「マス形」表示动作行为或状态的现在或未来,其否定形式是「～ません」。如：

◆ 牛乳を　飲みます。(喝牛奶。)

◆ 味噌汁を　飲みません。(不喝味噌汤。)

2. [～時～分]と[～月～日、～曜日]

「～時～分です」是表达时刻的常用句型。询问时间时可用疑问词「何時」表示。另外,和汉语一样,「30分」也可以用「半(はん)」代替。在表示具体时间的词前面,有时还可以加上「午前」或「午後」。日语没有"一刻钟"的概念。回答「今　何時ですか」的问题时,无需重复使用「今」。

◆ 今　何時ですか。(现在几点了?)

—— 11時半です。(11点半。)

另外,在10分钟之内,一般可以用「～時～分前」的形式表达,意思是"几点差几分"。如：

◆ あ、1時　5分前です。(啊,差5分就1点了。)

12个月份表示如下：

「いち、に、さん、し、ご、ろく、しち、はち、く、じゅう、じゅういち、じゅうに」+「月(がつ)」

日期的读音需注意几个特殊念法：

1日(ついたち)、2日(ふつか)、3日(みっか)、4日(よっか)、5日(いつか)、6日(むいか)、7日(なのか)、8日(ようか)、9日(ここのか)、10日(とおか)、14日(じゅうよっか)、24日(にじゅうよっか)、20日(はつか)

日语的星期用「曜日（ようび）」表示。周末用「週末（しゅうまつ）」或「土日（どにち）」表示：

日曜日（にちようび）　月曜日（げつようび）　火曜日（かようび）　水曜日（すいようび）　木曜日（もくようび）　金曜日（きんようび）　土曜日（どようび）

◆ 今日は　10月11日　水曜日です。（今天是10月11日，星期三。）

◆ 土日は　9時に　起きます。（周末9点起床。）

3. ［名］(日時)に　［動］ます

表达动作在某具体时间进行时，必须在时间后面加助词「に」。在表示星期的「〜曜日」后面，「に」可加可不加。如：「日曜日(に)」。

◆ わたしは　いつも　7時に　起きます。（我经常7点起床。）

◆ 1限目は　9時に　始まります。（第一节课9点开始。）

但是，在「今、昨日、今日、明日、毎日、去年、来年」等词的后面，无需加助词「に」。

4. ［名］(対象)を　［動］ます/ません

助词「を」在句中表示动作的对象，发音与「お」相同。陈述现在或未来的动作、状态时，动词使用「マス形」。疑问句只要在陈述句后加「か」即可。

动词「マス形」的否定形式是「〜ません」。

◆ わたしは　図書館で　本を　読みます。（我在图书馆看书。）

◆ わたしは　味噌汁を　飲みません。（我不喝味噌汤。）

动词的否定式一般是回答疑问时使用的。在没有前提的情况下，直接使用动词的否定句会给人唐突的感觉。如原文中的「わたしは　味噌汁を　飲みません。」是针对小刘提问的回答，如果没有小刘的提问，上原这么说就显得突兀了。

5. ［名］(場所)で　［動］ます/ません

表示在某个地方进行某种行为、动作，可以用助词「で」表达。

◆ 図書館で　勉強します。（在图书馆学习。）

◆ 家で いつも 何を しますか。(在家经常做些什么?)

6. ［名］(期间) ［动］ます/ません

将时间段放在动词前面，可以表达动作、行为持续的大致时间。如：

◆ 藤原君は 毎日 ７時間 寝ます。(藤原每天睡7个小时。)

◆ 私たちは 毎日 ９時間も 寝ます。(我们每天要睡9个小时。)

練習A 文法練習

一、［例］ 11:35 → 今 じゅういちじ さんじゅうごふんです。

1. 8:15　　　2. 9:20　　　3. 10:45　　　4. 11:55

二、［例］ ４月１日 →今日は しがつ ついたちです。

1. 1月7日　　　　　　　　2. 2月4日
3. 3月18日　　　　　　　4. 5月20日

三、［例］ コンテスト 1:00/18:30

　　→コンテストは いちじに 始まります。

　　→コンテストは ろくじはんに 終わります。

1. 学校 9:00/16:15　　　　2. 授業 13:00/14:30
3. 仕事 8:30/17:00　　　　4. ニュース 18:00/18:45

四、［例］ 食堂/ご飯/食べます

　　→ 食堂で ご飯を 食べます。

1. 図書館/勉強/します　　　2. スマホ/ニュース/見ます
3. 教室/話/します　　　　　4. コンビニ/ガム/買います

五、[例] 毎日　8時から　8時10まで　朝会を　します。

→　毎日　10分間　朝会を　します。

1. 毎朝　7時から　7時30分まで　ジョギングを　します。

2. 毎日　9時から　5時まで　日本語を　勉強します。

3. 今晩は　8時から　12時まで　ゲームを　します。

4. いつも　夜の12時から　朝7時まで　寝ます。

六、[例]　電気をつけます ⇔ 電気を　消します。

1. ドアを開けます⇔　　　　　　2. 上着を着ます⇔

3. 窓を開けます⇔　　　　　　　4. 靴をはきます⇔

練習B 会話練習

一、[例] 12:55

A:今　何時ですか

B:いちじ　ごふん　まえです。/じゅうにじ　ごじゅうごふんです。

1. 8:50　　　　2. 9:58　　　　3. 10:55　　　　4. 11:30

二、[例]　出張/11月15日/金曜日

A:出張は　いつですか。

B:11月15日です。

A:11月15日は　土曜日ですか。

B:いいえ、金曜日です。

1. 新学期/4月2日/月曜日　　　2. コンテスト/2月16日/火曜日

3. 試験/1月26日/水曜日　　　　4. 面接/11月17日/金曜日

三、[例]　デザインの　授業は　何時に　始まりますか。(10:45)

→　10時45分に　始まります。

1. 郵便局は　何時に　始まりますか。(9:00)

2. 会議は　何時に　終わりますか。(17:00)

3. スーパーは　何時に　始まりますか。(11:00)

4. 銀行は　何時に　終わりますか。(15:00)

四、[例]　毎日/朝ご飯/食べます

　　→　A:毎日　朝ご飯を　食べますか。

　　　　B:はい、食べます。/いいえ、食べません。

1. 毎朝/歯/磨きます

2. 毎日/たばこ/吸います

3. 時々/弁当/作ります

4. 毎朝/ジョギング/します

五、[例]　テレビ/見ます/8時間

　　→　A:毎日　何時間　テレビを　見ますか。

　　　　B:8時間　見ます。

1. ゲーム/します/2時間

2. 新聞/読みます/30分

3. 化粧/します/2時間

4. ジョギング/します/1時間

六、日汉翻译

1. 今日は　2020年1月1日です。水曜日です。今は8時8分です。

2. 父は　いつも　6時に　起きます。

3. 母は　毎朝　父の　弁当を　作ります。

4. わたしは　朝　何も　しません。学校で　デザインの　勉強を　します。

5. 上原さんは　毎日　友達と　WeChatで　おしゃべりを　します。

6. 藤原君は　毎日　2時間　中国語を　習います。

七、汉日翻译

1. 今天是 2024 年 1 月 18 日，星期四。现在是上午 8 点 18 分。

2. 东京时尚艺术学院的模特比赛于 11 月 22 日上午 10 点开始。

3. 中国的学校早上 8 点开始上课。

4. 上原不喝豆浆。

5. 小刘在书店里买 2 本书。

6. 藤原每天晚上 7 点到 8 点在体育馆游泳。（游泳：水泳をします。）

扩展单词

読む(よむ)①	读	私達(わたしたち)④	我们
来る(くる)①	来	ガム①	口香糖
仕事(しごと)⓪	工作	今晩(こんばん)①	今晚
話(はなし)③	话	電気(でんき)①	电灯,电器
付ける(つける)②	点,附着	消す(けす)⓪	关,灭
ドア①	门	窓(まど)①	窗
開ける(あける)⓪	开	上着(うわぎ)⓪	上衣
靴(くつ)②	鞋子	はく⓪	穿(裤子、鞋)
スーパー①	超市,大卖场	会議(かいぎ)①③	会,会议
歯(は)①	牙齿(人)	ご飯(ごはん)①	饭
たばこ⓪	香烟	磨く(みがく)⓪	刷,磨
弁当(べんとう)③	盒饭,便当	吸う(すう)⓪	吸,抽
ジョギング⓪	慢跑	作る(つくる)②	做
おしゃべり②	聊天	中国語(ちゅうごくご)⓪	中文
習う(ならう)②	学(技能)	モデル①⓪	模特儿
体育館(たいいくかん)④	体育馆	泳ぐ(およぐ)②	游,游泳
書く(かく)①	写	聞く(きく)⓪	听,问

理解当代中国

习近平总书记在中央政治局第三十次集体学习时强调："要更好推动中华文化走出去，以文载道、以文传声、以文化人，向世界阐释推介更多具有中国特色、体现中国精神、蕴藏中国智慧的优秀文化。"当今世界正经历百年未有之大变局，世界范围内各种文化交流、交融、交锋更加频繁。面对复杂的国际环境，实现从文化大国到文化强国的跨越，是当代中国面临的重大课题。

http://theory.people.com.cn/n1/2021/0616/c40531-32131322.html 中国共产党新闻网

第8課

鈴木さんは 劉さんたちに だるまを あげました

新出場人物

鈴木 一郎(63岁)ホームステイ先のホスト
鈴木 真紀子(56岁)奥さん
鈴木 美咲(長女 会社員、25岁)
鈴木 翔太(長男 大学三年生、21岁)

場景

"高职日语技能竞赛优胜者访日代表团"一行6人在王老师的带领下赴长野县寄宿,体验当地的社会文化生活。

I. 学習ポイント

1. 劉さんは 鈴木美咲さんに 中国結びを あげます。
2. 李君は 鈴木さんに だるまを もらいます。

3. 劉さんたちは 28日に 中国へ 帰ります。

4. 上野から 長野まで 7770円 かかります。

5. 王先生は 劉さん達と いっしょに 長野へ 行きます。

6. 牧場へ 行きます。それから、美術館へ 行きます。

II. 基本会話

1. A:これは 何ですか。

   B:中国結びです。美咲さんに あげます。どうぞ。

   A:ありがとう。

2. A:誰に その だるまを もらいましたか。

   B:鈴木さんに もらいました。

3. A:いつ 長野へ 行きますか。

   B:あさって、23日 金曜日に 行きます。

   A:そうですか。いつ 中国へ 帰りますか。

   B:28日に 帰ります。

4. A:成田から 上海まで 何時間 かかりますか。

   B:3時間ぐらい かかります。

5. A:明日、誰と いっしょに 博物館へ 行きますか。

   B:先生と いっしょに 行きます。

6. A:今日 どこへ 行きますか。

   B:軽井沢の 牧場へ 行きます。

   A:それから、何を しますか。

   B:美術館へ 行きます。

Ⅲ. 応用会話

（小刘一行赴长野县体验日本民间生活与文化。晚上，与铃木一家在一起交流。）

劉　さん：これは　中国の　お茶です。ほんの　気持ちです。どうぞ。

鈴木さん：あっ、鉄観音ですね。大好きです。ありがとうございます。わたしも　みなさんに　プレゼントを　あげます。どうぞ。

劉　さん：えっ？これは　何ですか。

鈴木さん：だるまです。必勝の　だるまですよ。

劉　さん：そうですか。

みなさん：ありがとうございます。

劉　さん：これは　中国結びです。美咲さんと　翔太君に　あげます。

美咲さん：ありがとうございます。

奥　さん：ところで、あした、どこへ　行きますか。

劉　さん：軽井沢へ　行きます。

鈴木さん：行き方は　分かりますか。

劉　さん：はい、駅員に　パンフレットを　もらいました。

美咲さん：新幹線で　行きますか。

劉　さん：はい、そうです。長野から　軽井沢まで　どのぐらい　かかりますか。

鈴木さん：時間ですか。新幹線で　30分ぐらいです。

劉　さん：あの、金額は　いくらですか。

鈴木さん：新幹線は　3,580円で、普通電車は　1,580円です。王先生も　行きますか。

王　先生：はい、みなさんと　いっしょに　行きます。

美咲さん：軽井沢の　どこへ　行きますか。

王　先生：牧場や　美術館へ　行きます。

鈴木さん：どちらへ　先に　行きますか。

王　先生：まず　牧場へ　行きます。それから、美術館へ　行きます。

劉　さん：牧場で　生クリームを　作ります。

張　さん：わたしは　牛に　えさを　やります。
孫　さん：わたしは　美術館で　日本の　絵を　買います。
李　君：僕は　だるまを　買います。

鈴木さん：お土産ですか。
李　君：はい。そうです。
鈴木さん：いつ　中国へ　帰りますか。
王　先生：来週の　水曜日、28日に　帰ります。
鈴木さん：そうですか。成田から　成都まで　何時間　かかりますか。
王　先生：成田から　上海まで　飛行機で　2時間半ぐらい　かかります。それから、
　　　　　上海から　成都まで　飛行機で　3時間半　かかります。
鈴木さん：えっ？

Ⅳ. 新しい単語

表記/読み/アクセント	品詞/意味
鈴木美咲(すずきみさき)⓪＋⓪	[专]人名
中国結び(ちゅうごくむすび)⑤	[名]中国结
餌(えさ)②	[名]诱饵
達磨(だるま)⓪	[名]达磨,不倒翁
美術館(びじゅつかん)③	[名]美术馆
あげます③	[自他一]给(别人)
もらいます④	[他五]得到,获得
やります③	[他五]给(地位低的人/动植物)
それから⓪	[接]然后
帰ります(かえります)④	[自五]回,返回
上野(うえの)③	[专]地名
博物館(はくぶつかん)④	[名]博物馆
長野(ながの)①	[专]地名
かかります④	[自五]花费
いっしょに⓪	[副]一起,同样

续表

表記/読み/アクセント	品詞/意味
行きます(いきます)③	[自五]去,行进
牧場(ぼくじょう)⓪	[名]牧场
あさって②	[名]后天
成田(なりた)①	[专]地名
明日(あした)③	[名]明天
奥さん(おくさん)①	[名]太太,夫人(尊)
軽井沢(かるいざわ)③	[专]地名
茶(ちゃ)⓪	[名]茶
ほんの⓪	[连体]一点点
気持ち(きもち)⓪	[名]心情
鉄観音(てっかんのん)③	[专]铁观音
大好き(だいすき)①	[名・形动]很喜欢
プレゼント(present)③	[名]礼品,礼物
必勝(ひっしょう)⓪	[名]必胜
行き方(ゆきかた)⓪	[名]走法
駅員(えきいん)②	[名]车站工作人员
パンフレット(pamphlet)④	[名]小册子
新幹線(しんかんせん)③	[名]新干线(日本高铁)
どのぐらい⓪	[名・副]多少距离,多少钱
金額(きんがく)⓪	[名]金额
いくら①	[名]多少,多少钱
普通(ふつう)⓪	[名・形动]一般,普通
電車(でんしゃ)⓪	[名]电车
どちら①	[代]哪一方,哪个
先(さき)⓪	[名]前面,尖端,先
まず①	[副]首先,最
生クリーム(なま)④	[名]奶油
作ります(つくります)④	[他五]做,制作
牛(うし)⓪	[名]牛
絵(え)①	[名]画,图画
買います(かいます)③	[他五]买
僕(ぼく)①	[代]我(男子自称)
成都(せいと)①	[名]成都

续表

表記/読み/アクセント	品詞/意味
土産(みやげ)⓪	[名]礼品,土特产
来週(らいしゅう)⓪	[名]下周
飛行機(ひこうき)②	[名]飞机
なるほど⓪	[叹]确实,的确
えっ①	[叹]强烈的感动,惊讶

V. 学習ポイント解釈

1. 動詞の過去形

日语的动词在表达过去的时态时,词尾会发生变化。即表示肯定的「動ます」变成「動ました」,表示否定的「動ません」变成「動ませんでした」。

動ます	動ました	動ません	動ませんでした
あげます	あげました	あげません	あげませんでした
やります	やりました	やりません	やりませんでした
もらいます	もらいました	もらいません	もらいませんでした
帰ります	帰りました	帰りません	帰りませんでした
来ます	来ました	来ません	来ませんでした
行きます	行きました	行きません	行きませんでした

2. ［人1］が ［人2］に ［名］を あげます/やります

「あげます」表示"我给……""你给……""他给……"的动作。如:

◆ 劉さんは 美咲さんに 中国結びを あげました。(小刘把中国结送给了铃木美咲小姐。)

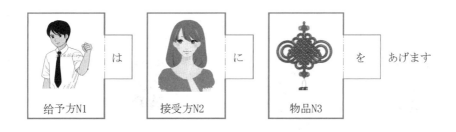

N1是赠送物品的人，一般为说话人或者与说话人关系亲近(家属等)的人。N2是接受物品的人。「あげます」是表示赠送物品给他人的动词，接受方用助词「に」表示，所赠物品用助词「を」表示。如：

◆ 劉さんは　鈴木さんに　中国の　お茶を　あげます。（小刘送给铃木先生中国茶。）

◆ 鈴木さんは　李君に　だるまを　あげます。（铃木先生送给小李不倒翁。）

「あげます」的接受方不能是说话人自己，不能表示"某人送给我某物"的意思。

×鈴木さんは　わたしに　だるまを　あげました。（铃木先生给了我不倒翁。）

＊やります

当接受方N2的地位或年龄都比给予方N1小且两者关系亲近时或N2为动、植物时，经常用「やります」来代替「あげます」。如：

◆ 翔太君は　毎日　金魚に　えさを　やります。（翔太每天喂金鱼。）

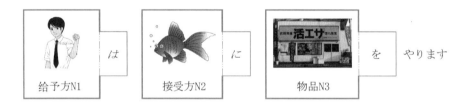

N1表示给予物品的人或说话人。N2是接受物品的人或动、植物。再如：

◆ わにしは　毎月　弟に　こづかいを　やります。（我每月给弟弟零用钱。）

◆ 父は　毎日　犬に　えさを　やります。（爸爸每天喂狗。）

◆ 母は　毎日　花に　水を　やります。（妈妈每天给花浇水。）

3. ［人1］が　［人2］に　［名］を　もらいます

「もらいます」表示"某人从他人那里得到东西"。如：

◆ 李君は　鈴木さんに　だるまを　もらいました。（小李从铃木一郎先生那里获赠了不倒翁。）

N1是接受物品(N3)的人,一般为说话人或与其关系亲近的人。N2是赠送物品(N3)的人。「もらいます」是表示接受他人给予、赠送物品的动词。获得物品的一方可以是第一人称,也可以是第二人称或第三人称。给予方用助词「に」或「から」表示,所赠物品用助词「を」表示。

◆ きのう、鈴木さんに/から だるまを もらいました。(昨天,从铃木先生那里获赠了不倒翁。)

◆ 李君は お母さんに/から お小遣いを もらいました。(小李从他妈妈那里得到零用钱。)

4. ［名詞］(場所)へ 行きます/来ます

前面我们已经学习了「あります」和「います」,这两个动词均是状态动词。本课要学习的「行きます」「来ます」「帰ります」是表示移动的动词。格助词「へ」在句中表示动作的方向,发「え」音。

◆ 劉さんは 四日前に 日本へ 来ました。(小刘4天前到日本的。)

◆ 劉さんは 金曜日に 長野へ 行きます。(小刘星期五去长野。)

5. ［名1］(場所)から ［名2］(場所)まで

「～から～まで」除了可以表示时间的起止之外,还可以表示空间距离等其他事物的起止。

◆ 成田から 上海まで 3時間ぐらい かかります。(从成田〈机场〉到上海需要3小时左右。)

◆ 今日の 宿題は 20ページから 25ページまで 音読です。(今天的作业是朗读,从20页至25页。)

6. ［人］と いっしょに ［動詞］ます/ません

叙述与某人共同做某事时,用助词「と」。有时可加「いっしょに」表达。「会います」「別れます」「結婚します」「喧嘩します」等动词必须有共同的动作主体才能完成。

◆ わたしは 先生と いっしょに 行きます。(我和老师一起去。)

◆ 王先生は みなさんと いっしょに 行きます。(王老师和大家一起去。)

7. それから、～

叙述前面的事情结束之后,接着又做另外一件事情时,前后两个句子之间可以用「それから」

连接,「それから」相当于汉语的"接着,……"的意思。

◆ まず　牧場へ　行きます。それから、美術館へ　行きます。（先去牧场，接着去美术馆。）

◆ 朝ご飯を　食べます。それから、歯を磨きます。（吃早饭。然后刷牙。）

8. 日本と中国の主な都市

日本	とうきょう	おおさか	きょうと	こうべ	なごや
	東京	大阪	京都	神戸	名古屋
	よこはま	せんだい	ひろしま	ふくおか	さっぽろ
	横浜	仙台	広島	福岡	札幌
中国	ぺきん	しゃんはい	こうしゅう	しんせん	てんしん
	北京	上海	広州	深圳	天津
	せいあん	なんきん	こうしゅう	しんよう	じゅうけい
	西安	南京	杭州	瀋陽	重慶

練習A　文法練習

一、下の文に、それぞれひらがな1文字を入れてください。

1. 鈴木さんは　劉さん□□　だるま□□　あげました。

2. 劉さんは　鈴木さん□□　だるま□□　もらいました。

3. 鈴木さんの　奥さんは　金魚□□　エサ□□　やりました。

二、[例]

　　鈴木さんは　劉さんに　お茶を　もらいました。→

　　劉さんは　鈴木さんに　お茶を　あげました。

1. 李君は　鈴木さんに　だるまを　もらいました。

2. 鈴木美咲さんは　劉さんに　中国結びを　もらいました。

三、［例］ わたし/犬/えさ/やります

　　　わたしは　犬に　えさを　やります。

1. 父/母/花/あげます

2. 母/花/水/やります

3. 母/父/花/もらいます

4. 弟/犬/えさ/やります

四、［例］　藤原君/もらいます

　　　A：このUSBは　どこで　買いましたか。

　　　B：藤原君に　もらいました。

1. この　中国結びは　誰にあげますか。（鈴木さん/あげます）

2. この　カメラは　どこで　買いましたか。（父/もらいます）

3. この　ネクタイは　どこで　買いましたか。（兄/もらいます）

4. あした、猫の　えさは　どう　しますか。（わたし/やります）

五、［例］　東京/大阪/新幹線/3時間

　　　→東京から　大阪まで　新幹線で　3時間ぐらい　行きます。

1. 東京/大阪/バス/8時間

2. 東京/大阪/新幹線/14,000円

3. 東京/大阪/バス/6,000円

4. 東京/横浜/電車/30分

六、［例］　大阪へ/行きます/王さん

　　　A：誰と　大阪へ　行きますか。

　　　B：王さんと　行きます。

1. ゲーム/します/藤原君

2. 食堂/行きます/王さん

3. 軽井沢へ/行きます/劉さん

4. 電話/します/先生

七、[例] メールを/書きます/ 友達/会います

　　→メールを　書きます。それから　友達に　会います。

1. 大阪へ/行きます/ 会議/します

2. ミーティングを/します/レポート/書きます

3. うちへ/帰ります/料理/作ります

4. 宿題を/します/テレビ/見ます

練習B 会話練習

一、[例] 鈴木さん/ウーロン茶/あげます

　　A：劉さんは　鈴木さんに　何を　あげましたか。

　　B：ウーロン茶をあげました。

1. 美咲さん/中国結び/あげます

2. 翔太君/ボールペン/やります

3. 藤原君/中国語の　教科書/あげます

4. 上原/中国の　ボールペン/あげます

二、[例] 鈴木さん/だるま/もらいます

　　A：李君は　鈴木さんに　何を　もらいましたか。

　　B：だるまを　もらいました。

1. 藤原君/DSのソフト/もらいます

2. 上原さん/DSのソフトボールペン/もらいます

3. 橋本さん/TMのパンフレット/もらいます

4. 吉本先生/デザインの教科書/もらいます

三、[例] 中国/友達

　　A：夏休み　どこへ　行きますか。

　　B：中国へ　行きます。

　　A：誰と　行きますか。

　　B：友達と　いっしょに　行きます。

1. 北海道/孫さん
2. 富士山/クラスメート
3. ハワイ/友達
4. パリ/母

四、[例]　上海/東京/3時間

　　A：上海から　東京まで　どのぐらい　かかりますか。

　　B：3時間ぐらい　かかります。

1. 東京/北京/3時間半
2. 東京/杭州/4時間
3. 東京/広州/5時間半
4. 東京/重慶/7時間半

五、[例]　6時/日本語の単語/覚えます

　　A：毎朝　何時に　起きますか。

　　B：6時に　起きます。

　　A：それから　何を　しますか。

　　B：日本語の　単語を　覚えます。

1. 6時半/ジョギング/します
2. 7時半/ニュース/見ます
3. 7時/歯/磨きます
4. 8時/朝ご飯/食べます

六、日汉翻译

1. 藤原君は　劉さんに　USBを　あげました。

2. 母さんは　毎日、金魚に　エサを　やります。

3. 劉さんたちは　鈴木さんに　だるまを　もらいました。

4. 夏休みは　アメリカへ　行きます。

5. 東京から　横浜まで　30分　かかります。

6. 王先生は　劉さんたちと　いっしょに　軽井沢へ　行きます。

7. お風呂に　入ります。それから、ドラマを　見ます。

七、汉日翻译

1. 王老师送了一盒中国茶给铃木。

2. 吉本老师从王老师那里获赠了职业学院的宣传册。

3. 小刘是上周从中国来到了日本的。

4. 上海到东京坐飞机需要3小时左右。

5. 小刘她们是和王老师一起去日本的。

6. 小刘从成都到上海是坐火车去的。然后在上海坐飞机来到了东京。

扩展单词

金魚(きんぎょ)①	金鱼	お小遣い(おこづかい)②	零用钱
宿題(しゅくだい)⓪	家庭作业	ページ⓪	页
音読(おんどく)⓪	朗读	会う(あう)①	见面
別れる(わかれる)③	分别	結婚する(けっこんする)⓪	结婚
喧嘩する(けんかする)⓪	吵架,打架	メール①⓪	电子邮件
北海道(ほっかいどう)③	北海道	ハワイ①	夏威夷
覚える(おぼえる)③	记,背诵	お風呂(おふろ)②	盆浴

理解当代中国

1990年,中文水平考试(HSK)正式在国内推广后,1991年推向海外。2017年,全球共有汉语水平考试考点860个,其中海外考点530个,分布于112个国家,中国国内考点330个,分布于71个城市。2020年12月22日,教育部举行发布会时透露,全球有70个国家将中文纳入国民教育体系,中国以外正在学习中文的人数约2500万,"十三五"期间全球参加中文水平考试、中小学中文考试(YCT)等考试的人数达4000万人次,这表明国际中文教育拥有广泛而坚实的基础。

https://baijiahao.baidu.com/s?id=1686749694333608320&wfr=spider&for=pc 根据"中国日报网""教育部:十三五期间参加中文水平考试的人数达4000万人次"资料撰写

第9課

スカイツリーは 高いですね

場景

小刘一行人从长野回到了东京,然后又和藤原同学与上原同学一起去了台场。

I. 学習ポイント

1. スカイツリーは 高いです。

   人気スポットは にぎやかです。

2. 軽井沢は 東京から 遠くありません。

   軽井沢は にぎやかでは ありません。静かです。

3. 奥さんは とても 優しい 方で、上品な 方です。

4. 北海道は あまり 近く ありません。

   札幌は あまり にぎやかでは ありません。

5. (ゲームソフト)新しいのは 1階に あります。

Ⅱ. 基本会話

1. A: スカイツリーは 高いですね。
   B: はい。634メートルです。
   A: 人気スポットは にぎやかですね。

2. A: 軽井沢は 東京から 遠いですか。
   B: いいえ、遠くありません。新幹線で 1時間です。
   A: 町は にぎやかですか。
   B: いいえ、あまり にぎやかでは ありません。静かです。

3. A: 家族は 何人ですか。
   B: 4人です。
   A: 上原さんの ネイルは とても すてきですね。
   B: そう？ありがとう。

4. A: 北海道は 近いですか。
   B: いいえ、あまり 近く ありません。
   A: 札幌は にぎやかですか。
   B: あまり にぎやかでは ありません。

5. A: これは 新しい ゲームソフトですか。
   B: いいえ、これは 古いです。
   A: 新しいのは どこですか。
   B: 1階に あります。

Ⅲ. 応用会話

（小刘一行人从长野回到了东京。这天又与藤原同学和上原同学一起去了台场。）

李　君: あれ、運転手や 車掌さんが いませんね。

藤原　君: はい、ゆりかもめは 新しい 交通システムで、無人自動運転です。

みなさん：そうですか。すごいですね。

李　君：あ、あれは　スカイツリーですか。高いですね。

藤原　君：はい、そうです。634メートルも　あります。

李　君：東京タワーの　倍　近いですね。

藤原　君：そうですね。東京タワーは　333メートルです。
スカイツリーは　人気スポットで、いつも　にぎやかです。

劉　さん：そうですか。ところで、ゆりかもめの　初乗りは　180円も　かかります。
ちょっと　高いですね。なぜ　こんなに　高いですか。

藤原　君：さあ。JRは　130円で、メトロは160円ですね。確かに　高いです。

上原さん：中国は　高くないですか。

劉　さん：あまり　高くないです。上海は　初乗りは　3元です。日本円で　60円ぐらい
です。

藤原　君：それは　安い。

上原さん：あ、着きました。

劉　さん：（走出地铁站）うわ、きれい！

李　君：人が　たくさん　いますね。

藤原　君：ここは　デートスポットです。若い　カップルが　多いです。

上原さん：（边笑边说）よく　知って　いますね。

藤原　君：週末は　家族連れも　多いです。いつも　人が　いっぱいですよ。

劉　さん：あそこの　丸い　ボールは　何ですか。

藤原　君：どこ？ああ、あれは　フジテレビの　本社ビルです。

劉　さん：ユニークな　建物ですね。

李　君：なかなか　立派です。

藤原　君：中国も　色々な　形の　高層ビルが　増えましたね。

劉　さん：はい。北京も　おもしろい　形の　ビルが　たくさん　あります。
ユニークな　デザインの　ビルも　少なく　ありません。

李　君：ユニークのは　上海タワーです。

上原さん：上海タワー？

劉 さん：ええ、螺旋状な 形 で、中国で 一番 高いタワーです。

Ⅳ. 新しい単語

表記/読み/アクセント	品詞/意味
スカイツリー⑤	[专]天空树,东京晴空塔
高い(たかい)②	[形]高,高的
スポット②	[名]热点,景点
賑やか(にぎやか)②	[形动]热闹
遠い(とおい)②	[形]远,远的
静か(しずか)①	[形动]安静
優しい(やさしい)③	[形]优美,温柔
上品(じょうひん)③	[名・形动]高贵,文雅
北海道(ほっかいどう)③	[专]北海道
近い(ちかい)②	[形]近,近的
メートル⓪	[名]米
町(まち)②	[名]城市,街道
家族(かぞく)①	[名]家人
ゲームソフト④	[名]游戏软件
古い(ふるい)②	[形]旧,旧的
運転手(うんてんしゅ)③	[名]司机
車掌(しゃしょう)⓪	[名]售票员
ゆりかもめ③	[专]百合鸥号(电车名)
無人(むじん)⓪	[名]无人
自動(じどう)⓪	[名]自动
運転(うんてん)⓪	[名・他サ]驾驶
自動運転(じどううんてん)④	[名]自动驾驶
凄い(すごい)②	[形]厉害的,相当厉害
タワー①	[名]塔,高楼
倍(ばい)⓪	[接尾]倍,加倍

续表

表記/読み/アクセント	品詞/意味
初乗り(はつのり)⓪	[名]起步费
なぜ①	[副]为什么
JR(ジェーアール Japan Rail)③	[专]日本铁路公司
メトロ①	[名]地铁
元(げん)①	[名]元(人民币)
綺麗(きれい)①	[形动]美丽,漂亮
若い(わかい)②	[形]年轻
カップル①	[名]情侣
週末(しゅうまつ)⓪	[名]周末
連れ(つれ)⓪	[名]同行,同伴
丸い(まるい)⓪	[形]圆的
ボール⓪	[名]球
フジテレビ③	[专]富士电视台
本社(ほんしゃ)①	[名]总公司
ユニーク②	[形动]独特的,与众不同的
形(かたち)⓪	[名]形状
増える(ふえる)②	[自一]增加
面白い(おもしろい)④	[形]有趣,精彩
少ない(すくない)③	[形]少的,不多的
螺旋状(らせんじょう)⓪	[名]螺旋状

Ⅴ. 学習ポイント解釈

1. ［名］は　［形］/［形動］です

　　形容词是说明人物(或动物)的情感和属性,或事物的性质和状态的词,日语根据词尾变化规则的不同又有「形容詞」「形容動詞」之分。形容詞多以「い」结尾,「形容動詞」多以「な」或「に」的形式修饰其他成分。因此,日语教学中常按其形态,分别称之为「イ形容詞」和「ナ形容詞」。

　　◆ スカイツリーは　高いですね。(天空树真高。)

　　◆ 人気スポットは　にぎやかです。(热门景点〈总是〉热闹。)

2. [名]は [形]くありません/[形動]ではありません

日语的形容词根据情况会发生各种形态变化。这种变化一般被称为"活用"。「形容詞」的变化是通过词尾「い」的变化来实现的。不发生变化的部分称为形容词的"词干"。

「形容詞」的否定形式是将词尾的「い」变为「く」后,加「ありません」。但是,「いい」是「良い」的口语形式,其否定形式要按照「よい」的形式变化,变成「よくありません」。

「形容動詞」的否定形式是在词干后直接加「では ありません」。

单词	词干	词尾	否定形式
遠い	とお	く	ありません/ないです
良い	よ	く	ありません/ないです
にぎやか	にぎやか		では(じゃ)ありません

◆ 軽井沢は 東京から 遠く ありません。(轻井泽离东京不远。)

◆ 軽井沢は にぎやかでは ありません。(轻井泽不热闹。)

「形容詞」的否定形式也可以用"词干"+「く ないです」的形式表达。但是,肯定形式不能用「あります」表示。如:

◆ 軽井沢は 遠く ないです。(轻井泽不远。)

⇒軽井沢は 遠く ありません。(轻井泽不远。)

×軽井沢は 遠く あります。(误例)

在口语中,「形容動詞」的否定形式「～ではありません」中的「では」常用「じゃ」的形式表达。如:

◆ 札幌は にぎやかでは ありません。(札幌不热闹。)

◆ 札幌は にぎやかじゃ ありません。(札幌不热闹。)

3. [名]は [形]/[形動]+[名]です

形容词或形容动词可以直接修饰名词,做句子的谓语。如:

◆ 鈴木さんの 奥さんは とても 優しい 方です。(铃木的太太很亲切。)

形容动词修饰名词时,需要在其和名词之间加「な」。如:

◆ 鈴木さの奥さんは とても上品な方です。(铃木的太太很有气质。)

◆ 鈴木さんの 奥さんは とても 優しい 方で、上品な 方です。(铃木的太太很亲切,很有气质。)

4. あまり ［形］くありません/［形動］ではありません/［動］ません

形容某事物的程度不是很高时,可用「あまり」后续形容词、形容动词、动词的否定形式来进行表达。如：

◆ 中国は あまり 高く ありません。(中国不太贵。)

◆ 札幌は あまり にぎやかでは ありません。(札幌不太热闹。)

◆ あまり 聞きません。(没怎么听说。)

5. ［形］のは/［形動］なのは

形容词修饰名词时,在明确名词所指的情况下,可以用「の」代替该名词。

◆ ユニークなのは 上海タワーです。(与众不同的是上海中心大厦。)

◆ 高いのは スカイツリーです。(高的是天空树。)

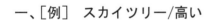

一、［例］ スカイツリー/高い

　　　→ スカイツリーは 高いです。

1. JR/安い　　　　　　　　2. 上原さん/優しい

3. 軽井沢/静か　　　　　　4. お台場/にぎやか

二、［例］ 東京タワー/高い

　　　東京タワーは 高いです。→東京タワーは 高く ありません。

1. 北海道/近い　　　　　　2. パンダ/かわいい

3. 新宿/静か　　　　　　　4. コンビニ/便利

三、[例] 鈴木さんの 奥さん/優しい

　　→ 鈴木さんの 奥さんは 優しい 方です。

1. 上原さん/きれい　　　　　2. 藤原君/ハンサム

3. 劉さん/かわいい　　　　　4. 李君/おもしろい

四、[例] 横浜/遠い

　　→ 横浜は あまり 遠くないです。

1. この 料理/おいしい　　　2. 日本料理/安い

3. この カバン/丈夫　　　　4. この 花/きれい

五、[例] 古い/わたし/カバン

　　→ 古いのは わたしの カバンです。

1. 黒い/わたし/自転車

2. 赤い/劉さん/スーツケース

3. 有名な/こちら/日本画

4. 優しいの/デザイン/先生

練習B 会話練習

一、[例] 日本語の 勉強/大変/難しい

　　A:① 日本語の 勉強は 大変ですか。

　　B:② 大変です。

　　A:そうですか。③難しいですか。

　　B:いいえ、難しく ありません。

1. ① デザインの 勉強　　② 難しい　　③ おもしろい

2. ① 田中さん　　　　　② 優しい　　③ 好き

3. ① 京都　　　　　　　② きれい　　③ にぎやか

二、[例] 軽井沢/町/静か

　　A:①軽井沢は　どんな　町ですか。

　　B:②静かな　町です。

　　A:そうですか。

1. 劉さん/人/上品　　　　　2. 李君/人/ハンサム
3. 六本木ヒルズ/建物/りっぱ　　4. 3DS/ゲーム機/おもしろい

三、[例] ①その　洋服　②高い　③シンプル　④デザイン

　　A:その　洋服は　高いですか。

　　B:いいえ、あまり　高くないです。

　　A:シンプルな　デザインは　ありますか。

　　B:この　デザインは　どうですか。

1. ①この　町　　②静か　　③おいしい　　④お店
2. ①あの　店　　②おいしい　③安い　　　④料理
3. ①スマホ　　　②便利　　③安い　　　　④機種

四、[例] ①洋服　②高い　③安い　④フランスの洋服

　　A:この　洋服は　どうですか。

　　B:高いですね。安いのは　ありませんか。

　　A:こちらは　フランスの洋服です。安いのは　あちらです。

　　B:そうですか。ありがとう。

1. ①料理　　　②甘い　　③辛い　　④上海料理
2. ①部屋　　　②狭い　　③広い　　④アパート
3. ①パソコン　②高い　　③安い　　④ノートパソコン

五、日汉翻译

1. 毎年　雪祭りは　いつも　にぎやかです。

2. 北海道は　東京から　近くありません。遠いです。

3. これは　有名な　北海道の　お土産です。

4. スキーは　あまり　難しく　ありません。

5. シンプルなのは　こちらの　デザインです。

六、汉日翻译

1. 海是蓝的，天空也是蓝的。

2. 这个动物园的狮子不怎么活泼。

3. 东京是很热闹的地方。

4. 东京电视塔并不怎么高。

5. 那个红色的笔记本是老师的。

扩展单词

料理（りょうり）①	菜肴	ゲーム機（き）③	游戏机
日本料理（にほんりょうり）④	日本菜	洋服（ようふく）⓪	洋服
黒い（くろい）②	黑的	シンプル①	简洁
自転車（じてんしゃ）②⓪	自行车	甘い（あまい）⓪	甜的
赤い（あかい）⓪	红的	辛い（からい）②	辣的
スーツケース④	旅行箱	多い（おおい）①②	多的
難しい（むずかしい）⓪④	困难	雪祭り（ゆきまつり）③	冰雪节

理解当代中国

　　上海中心大厦（Shanghai Tower），是上海市的一座巨型高层地标式摩天大楼，现为中国第一、世界第三高楼，于2016年3月12日建成。上海中心大厦主要用途为办公、酒店、商业、观光等公共设施；主楼为地上127层，高度632米。集书房、展厅、会场、讲堂、客厅等多种功能为一体的朵云书院位于上海中心大厦地上52层，设有落地窗，游客可在落地窗边俯瞰浦江两岸景色；这里不仅是一个有高度的上海文化天际线，更是一个面向全球传播中国文化的新地标。

　　https://www.shanghaitower.com/根据上海中心大厦官方网站资料撰写

第 10 課

豚カツ定食は 安くて おいしいです

場景

小刘一行人在台场参观游览富士电视台和维纳斯城堡等景点。

I. 学習ポイント

1. 豚カツ定食は 安くて おいしいです。
   この 洋服は シンプルで おしゃれです。
2. お寿司は おいしいですが、高いです。
3. 劉 さんたちは 豚カツを 食べました。そして、たこ焼きも 食べました。
4. 日本語は 難しいです。しかし、漢字は 簡単です。
5. 軽井沢へ 行きました。お台場も 皇居も 行きました。

II. 基本会話

1. A：何を 食べますか。
   B：豚カツは どうですか。安くて おいしいです。
   A：いいですね。近くに 豚カツ屋が ありますか。
   B：ええ、5階に あります。きれいで 明るい お店です。

2. A：好きな 料理は 何ですか。
   B：お寿司です。おいしいですが、高いです。
   A：嫌いな 食べ物は ありますか。
   B：納豆が 苦手です。

3. A：きのう、どこへ 行きましたか。
   B：ヴィーナスフォートへ 行きました。
   A：お昼は 何を 食べましたか。
   B：豚カツを 食べました。そして、たこ焼きも 食べました。

4. A：日本語の 勉強は 難しいですか。
   B：はい、難しいです。しかし、楽しいです。

5. A：夏休み どこかへ 行きましたか。
   B：軽井沢へ 行きました。そして、お台場も 皇居も 行きました。

III. 応用会話

（吃完午饭，刘同学一行去了维纳斯城堡购物中心。）

劉 さん：豚カツ定食は 安くて おいしいですね。
上原さん：そうですね。お店も 広くて 明るいです。
劉 さん：あそこの 観覧車は 大きくて 高いですね。
藤原 君：あれは 日本最大の 観覧車です。
劉 さん：藤原君は 乗りましたか。

藤原　君：はい。レインボーブリッジや　スカイツリーが　見えます。そして、東京タワーも　ディズニーランドも　見えます。すばらしいですよ。

劉　さん：ロマンチックで　羨ましい　話ですね。

藤原　君：後で　私たちも　乗ります。

劉　さん：本当ですか。

藤原　君：ええ、今から　ヴィーナスフォートへ　行きます。観覧車は　その　すぐ　隣です。

劉　さん：藤原君は　やさしいですね。

（到了维纳斯城堡。）

李　君：広いですね。

藤原　君：新しい　ショッピングモールです。飲食店も　ブティックも　たくさん　あります。

上原さん：電車賃は　ちょっと　高いですが、楽しくて　いいスポットですね。

劉　さん：あっ、キティちゃん！

上原さん：キティちゃんも　マイメロディも　あります。

劉　さん：かわいいですね。

上原さん：キティちゃんと　いっしょに　写真を　撮りますか。

劉　さん：はい、撮ります。

上原さん：じゃ、チーズ(cheese)。

劉　さん：茄子。

（拍完照片，边吃章鱼丸子边闲谈。）

上原さん：日本語の　勉強は　難しいですか。

劉　さん：はい。難しいです。しかし、楽しいです。

藤原　君：そう。中国語は　もっと　難しいですよ。

上原さん：藤原君は　中国語検定3級を　取りました。

劉　さん：すごいですね。おめでとうございます。

藤原　君：いいえ、会話力が　ぜんぜん　ありません。

劉さん: これから ネットで お互いに 教えませんか。

藤原君: それは いい アイディアですね。よろしく お願い いたします。

劉さん: こちらこそ、よろしく お願い いたします。

Ⅳ. 新しい単語

表記/読み/アクセント	品詞/意味
豚カツ(とんかつ)⓪	[名]猪排饭
定食(ていしょく)⓪	[名]套餐
洋服(ようふく)⓪	[名]西服,西装
シンプル①	[形动]单纯,质朴
おしゃれ②	[名・形动]时髦
寿司(すし)①	[名]寿司
たこ焼き(たこやき)⓪	[名]章鱼丸子
難しい(むずかしい)④	[形]难,难的
漢字(かんじ)⓪	[名]汉字
簡単(かんたん)⓪	[名・形动]简单,容易
(お)台場(だいば)⓪	[专]台场(东京地名)
皇居(こうきょ)①	[名]皇宫
屋,～屋(や)⓪	[名]店,～店
嫌い(きらい)⓪	[名・形动]讨厌
納豆(なっとう)③	[名]纳豆
苦手(にがて)⓪	[名・形动]不善于,难对付
ヴィーナスフォート⑤	[专]维纳斯城堡(购物商场)
夏休み(なつやすみ)③	[名]暑假
広い(ひろい)②	[形]宽敞
明るい(あかるい)③	[形]明亮
おめでとうございます⑨	[组]祝贺,恭喜
観覧車(かんらんしゃ)③	[名]摩天轮
最大(さいだい)⓪	[名]最大
レインボーブリッジ⑦	[专]彩虹之桥
ディズニーランド⑤	[专]迪士尼乐园
ロマンチック④	[形动]浪漫的

续表

表記/読み/アクセント	品詞/意味
羨ましい(うらやましい)⑤	[形]令人羡慕的
隣(となり)⓪	[名]隔壁,旁边
ショッピングモール⑥	[名]购物商场
飲食店(いんしょくてん)④	[名]饭店,餐馆
ブティック①②	[名]女装精品店
電車賃(でんしゃちん)③	[名]轻轨车费
キティちゃん①	[专]凯蒂猫
マイメロディ③	[专]美乐猫
写真(しゃしん)⓪	[名]照片
撮る(とる)①	[他五]拍摄,拍照
検定(けんてい)⓪	[名・他サ]检定
取る(とる)①	[他五]取得
会話力(かいわりょく)③	[名]会话能力
(お)互い(たがい)⓪	[副]互相
アイディア①③	[名]主意,观念

Ⅴ. 学習ポイント解釈

1. ［形］くて／［形動］で

同时使用两个或两个以上「形容詞」说明事物时,「形容詞」之间要用「て」连接。「形容詞」的「て形」是去掉词尾的「い」加「くて」。如:

形容詞	い	て形
安い	安い	安くて
おいしい	おいしい	おいしくて

◆ 豚カツ定食は 安くて おいしいです。(炸猪排套餐又便宜又好吃。)

◆ お店も 広くて 明るいです。(这家店既宽敞又明亮。)

同时使用两个或两个以上「形容動詞」说明事物时,「形容動詞」之间要用「で」连接。「形容動詞」的「て形」是词干后面直接接续「で」。如:

形容動詞	で	て形
シンプル	シンプルで	シンプルで
おしゃれ	おしゃれで	おしゃれで

◆ この　洋服は　シンプルで　おしゃれです。（这件衣服简洁又时尚。）

◆ ロマンチックで　羨ましい　話ですね。（真是浪漫，令人羨慕呀。）

2. ～が、～

前后两个句子通过助词「が」的连接，表达对同一事物的两种不同认识。「が」在两个句子中起转折作用。

◆ お寿司は　おいしいですが、高いです。（寿司好吃是好吃，但是价格贵。）

◆ 日本語の　勉強は　難しいですが、楽しいです。（学日语是难，但是有趣。）

3. そして、～

「そして」是用于连接两个句子的连词。表示一件事情结束后，在此基础上又增加了与其相关的另外一件事情，相当于汉语的"接着，……""而且……"。如：

◆ 豚カツを　食べました。そして、たこ焼きも　食べました。（吃了炸猪排。接着又吃了烤章鱼丸子。）

◆ 軽井沢へ　行きました。そして、お台場も　行きました。（去了轻井泽。接着又去了台场。）

4. しかし、～

「しかし」是用于两个句子之间的连词。「しかし」后面的句子是对前一句子所叙述内容做出的不同判断，否定的语气比较明确，陈述重点在「しかし」之后的内容。如：

◆ 日本語の　勉強は　難しいです。しかし、楽しいです。（日语难学。但是，〈学得〉愉快。）

◆ この店の　料理は　おいしいです。しかし、高いです。（这家店的菜好吃。但是，价格贵。）

5. ［名1］も　［名2］も～

同时列举类似或相同的事例时，相关事例都可用助词「も」提示。如：

◆ お台場も　皇居も　行きました。（台场也去了，皇居也去了。）

◆ 東京タワーも　ディズニーランドも　見えます。（〈观览车上〉既能看到东京塔，也能看到迪士尼乐园。）

練習A　文法練習

一、［例］　部屋/広い/明るい

　　→　この　部屋は　広くて　明るいです。

1. 牛丼/安い/おいしい
2. この　店/高い/まずい
3. この　パソコン/安い/便利
4. この　ケーキ/甘い/おいしい

二、［例］　東京/にぎやか/きれい

　　→　東京は　にぎやかで　きれいです。

1. コンビニ/便利/明るい
2. 吉本先生/有名/優しい
3. この　洋服/シンプル/すてき
4. 上原/おしゃれ/きれい

三、［例］　日本語の　勉強/難しい/楽しい

　　→　日本語の　勉強は　難しいですが、楽しいです。

1. デザインの　勉強/忙しい/おもしろい
2. アパート/狭い/きれい
3. ケーキ/おいしい/甘い
4. 四川料理/辛い/おいしい

四、［例］　お台場/きれい/楽しい

　　→　お台場は　きれいです。そして、楽しいです。

1. 牛丼/安い/おいしい
2. 富士山/高い/きれい
3. この　靴/丈夫/軽い
4. 富士山/高い/有名

五、[例]　新幹線/速い/高い

　　→　新幹線は　速いです。しかし、高いです。

1. ファーストフード/まずい/安い　　2. 電子辞書/便利/高い
3. 仕事/忙しい/楽しい　　　　　　　4. この　町/静か/不便

六、[例]　劉さん/李君/日本語が　上手

　　→　劉さんも　李君も　日本語が　上手です。

1. あした/あさって/暇　　　　　　　2. 牛丼/寿司/おいしい
3. アイフォン/アイパッド/便利　　　4. 藤原君/上原さん/やさしい

練習B　会話練習

一、[例]　橋本さん/人/明るい/元気

　　→　A：橋本さんは　どんな　人ですか。

　　　　B：明るくて　元気な　人です。

　　　　A：そうですか。

1. 劉さん/人/明るい/かわいい　　　　2. 上原さん/人/おしゃれ/きれい
3. 四川料理/料理/辛い/おいしい　　　4. 富士山/山/高い/きれい

二、[例]　東京/便利/高い

　　→　A：東京は　どうですか。

　　　　B：便利ですが、高いです。

1. 富士山/きれい/遠い　　　　　　　2. 温泉/気持ちいい/熱い
3. 四川料理/おいしい/辛い　　　　　4. 寿司/おいしい/高い

三、[例]　デザインの　勉強/大変/楽しい

　　→　A：デザインの　勉強は　どうですか

　　　　B：大変です。しかし、楽しいです。

　　　　A：そうですか。

1. 勉強/忙しい/楽しい
2. わたしの　部屋/狭い/安い
3. 学校/楽しい/大変
4. 日本の　食べ物/おいしい/高い

四、[例]　日本語の　勉強/難しい/漢字/仮名/あります

→　A：日本語の　勉強は　どうですか。

B：難しいです。漢字も　仮名も　あります。

A：そうですね。

1. 動物園/楽しい/魚/ペンギン/いました
2. お台場/楽しい/豚カツ/たこ焼き/食べました
3. 日本/楽しい/東京/軽井沢/行きました
4. 観覧車/きれい/ディズニーランド/富士山/見えます

五、日汉翻译

1. 軽井沢は　静かで　きれいです。
2. 東京は　広くて　にぎやかです。
3. 刺身は　おいしいですが、高いです。
4. 劉さん達は　東京モダン芸術学院へ　行きました。そして、お台場へ　行きました。
5. 劉さんは　お台場へ　行きました。しかし、観覧車に　乗りませんでした。
6. 上野動物園はパンダがいます。ペンギンもサルもいます。

六、汉日翻译

1. 富士山又高又美。
2. 王老师很文静,也很亲切。
3. 快餐虽然不好吃,但是快。
4. 快餐不好吃,而且不便宜。
5. 原宿不大,但是很热闹。

6. 小刘吃了生鱼片,还吃了炸猪排和烤章鱼丸子。

扩展单词

牛丼(ぎゅうどん)⓪	牛肉盖浇饭	狭い(せまい)②	狭窄的
まずい②	难吃,不妙	速い(はやい)②	速度快
ケーキ①	蛋糕	暇(ひま)⓪	空闲
便利(べんり)①	方便,便利	温泉(おんせん)⓪	温泉
アパート②	廉租房,公寓		

 理解当代中国

　　江户时代,在长崎与日本进行贸易的华人将中国餐饮文化带入日本。明治维新后,由于日本人开始大量食肉,在横滨的华人开了很多饭店,东京的筑地、八丁堀也出现了华人开的饭店,深受日本人的青睐。除了北京烤鸭、东坡肉、鱼翅、干烧虾仁等高档菜肴之外,生煎饺子、蛋炒饭、小笼包、肉包子、麻婆豆腐、酱油拉面、春卷、杏仁豆腐、担担面、回锅肉、青椒肉丝、油淋鸡、八宝菜等价廉物美的菜肴也深受大众欢迎。

(编者撰)

第 11 課

秋葉原は 昔 電気街で有名でした

場景

秋叶原曾是日本最有名的电器街,如今却成了漫画咖啡店文化的王国和 AKB 等明星们的活动场所,也成了日本现代文化的圣地。

I. 学習ポイント

1. 昨日は 暖かかったです。

   風は 強く ありませんでした。

   今年の 福袋は あまり 安く なかったです。

2. お店は にぎやかでした。

   村は 便利では ありませんでした。

   デザインは 簡単では なかったです。

3. 秋葉原は　むかし　電気街で　有名でした。

　ここは　サブカルチャーの　街では　ありませんでした。

4. 李君は　クリアファイルを　10枚　買いました。

5. 昨日は　すごい　雨でした。でも、夕方からは　晴れました。

II. 基本会話

1. A：きのう　観覧車に　乗りました。

　B：どうでしたか。

　A：楽しかったです。

　B：風は　強かったですか。

　A：いいえ、あまり　強く　ありませんでした。

2. A：秋葉原は　どうでしたか。

　B：メイドカフェや　コスプレなどの　お店が　多くて　にぎやかでした。

　A：そうですか。電気屋さんは　どうでしたか。

　B：はい。2、3軒　行きましたが、あまり　にぎやかでは　ありませんでした。

3. A：秋葉原は　むかし　電気街で　有名でした。

　B：え？オタクの町では…

　A：いいえ、サブカルチャーの　街では　ありませんでした。家電製品の　店が　多かったです。

　B：そうですか。

4. A：きのう　AKB48の　グッズを　買いました。

　B：何を　買いましたか。

　A：タオルを　2枚と　クリアファイルを　10枚買いました。

　B：そうですか。

5. A：きのう　すごい　雨でしたね。

B：劇場は ガラガラでしたか。

A：いいえ、満席でしたよ。

B：それは 良かったですね。でも、明日も 雨ですよ。

Ⅲ. 応用会話

（晩上，回到宾馆，向王老师和桥本汇报了白天在秋叶原参观的情况。）

橋本さん：秋葉原は どうでしたか。

劉　さん：メイドカフェや コスプレの お店が 多くて にぎやかでした。

橋本さん：メイドカフェは おもしろかったですか。

劉　さん：お店に 入りませんでした。

李　君：ちょっと 恥ずかしかったですね。

王　先生：コスプレを 体験しましたか。

劉　さん：はい。体験しました。李君も 体験をしました。

王　先生：どうでしたか。

李　君：わたしは あまり おもしろく なかったです。

王　先生：どんな コスプレを しましたか。

劉　さん：わたしは AKB48風の 衣装を 選びました。

李　君：僕は サンタクロースでした。でも、男の 人は 少なかったです。

王　先生：いい 体験でしたね。

みなさん：はい。楽しかったです。

橋本さん：上海万博の「ジャパンウィーク」にも、ファッションショーや コスプレ、アニメソングの ライブなどの イベントが ありましたね。

王　先生：そうでした。日本の アニメや マンガは 大変 人気でした。わたしも わざわざ 行きました。ところで これは 何ですか。

李　君：お土産です。AKB48の グッズを 買いました。

王　先生：何を 買いましたか。

李　君：タオルを　2枚と　クリアファイルを　10枚　買いました。
劉　さん：でも、あまり　安く　ありませんでしたね。
李　君：はい。高かったです。

Ⅳ. 新しい単語

表記/読み/アクセント	品詞/意味
暖かい(あたたかい)④	[形]暖和的,温暖的
風(かぜ)⓪	[名]风
強い(つよい)②	[形]强烈的,强大的
福袋(ふくぶくろ)③	[名]福袋
村(むら)⓪	[名]村子
便利(べんり)①	[名・形動]便利,方便
秋葉原(あきはばら)③	[专]秋叶原(东京地名)
電気街(でんきがい)④	[名]电器街
街(まち)②	[名]市街或商业集中地
有名(ゆうめい)⓪	[名・形動]有名的
サブカルチャー③	[名]亚文化,现代文化
クリアファイル④	[名]透明文件夹
雨(あめ)①	[名]雨
夕方(ゆうがた)⓪	[名]傍晚
晴れます(はれます)③	[自一]放晴
メイドカフェ④	[专]女仆咖啡店
コスプレ⓪	[名]角色扮装
軒(けん)①	[名]所,栋,家
オタク⓪	[名]御宅族,宅男,宅女
劇場(げきじょう)⓪	[名]剧院
満席(まんせき)⓪	[名]满座
入る(はいる)①	[自五]进入,进去
恥ずかしい(はずかしい)④	[形]害羞,羞耻
体験(たいけん)⓪	[名・他サ]体验,尝试
～風(～ふう)⓪	[名]风,风格
衣装(いしょう)①	[名]服装

续表

表記/読み/アクセント	品詞/意味
選ぶ(えらぶ)②	[他五]选择
万博(ばんぱく)⓪	[名]世博会
ファッションショー⑤③	[名]时尚展
アニメソング④	[名]动漫主题歌,插曲
ライブ①	[名]音乐会,直播
イベント⓪	[名]活动
わざわざ①	[副]特意,特别
グッズ①	[名]周边产品

V. 学習ポイント解釈

1. [形]かったです/Aくありませんでした/くなかったです

和动词一样,日语的形容词也有过去式。

在表述过去的状态或性质时,形容词词尾也会发生变化。即词尾「い」变成「かった」加「です」。

过去否定形式是将它的现在否定形式「～くありません」变成「～くありませんでした」,或者将「～くないです」变成「～くなかったです」。后一种形式较为随便,尽量不要对长辈使用。

另外,过去肯定形式不能用「～でした」的形式,即「暖かいでした」的形式是错误的。

暖かい	肯定式	否定式1	否定式2
非過去	暖かいです	暖かく ありません	難しく ないです
過去	**暖かかったです**	**暖かく ありませんでした**	**暖かく なかったです**

在表达事物过去的性质、感受时,一般会在句子中出现「昨日」「先週」「先月」「去年」等表示过去时间的词。但是也有例外,如「福袋」只在元旦之后的几天销售,「今年」也表示过去。

◆ きのうは 暖かかったです。(昨天〈天气〉暖和。)

◆ おとといは 風は 強く ありませんでした。(前天风不是很大。)

◆ 今年の 福袋は あまり 安く なかったです。(今年的福袋不怎么便宜。)

形容词「いい」的活用是例外。

いい	肯定形	否定形1	否定形2
非過去	いいです	よくありません	よくないです
過去	よかったです	よくありませんでした	よくなかったです

2. ［形動］でした/では ありませんでした/では なかったです

形容动词的过去式是直接在形容动词的词干之后加「でした」。

过去否定形式是将它的现在否定形式「～ではありません」变成「～ではありませんでした」，或者将「～ではないです」变成「～ではなかったです」。后一种形式较为随便，尽量不要对长辈使用。

にぎやか	肯定形式	否定式1	否定式2
非過去	にぎやかです	にぎやかでは ありません	にぎやかでは ないです。
過去	にぎやかでした	にぎやかでは ありませんでした	にぎやかでは なかったです

因为形容动词表达事物的状态和性质，即便句子中不出现「昨日」「去年」等表示过去时间的词，也可以用过去形式表示说话人当时对事物状态或性质的感受。如：

◆ お店は にぎやかでした。（那家店热闹。）

◆ 村は 便利では ありませんでした。（〈那个〉村庄不方便。）

◆ デザインは 簡単では なかったです。（设计不是简单的〈活〉。）

3. ［名］でした/では ありませんでした

日语不仅动词、形容词有时态，名词作谓语表示过去的内容时，也要使用过去形式。即「名詞です」的「です」要改为「でした」。过去否定式为「Nではありません＋でした」，也可以说「Nではなかったです」。句子中有时会出现「前」「昨日」「先週」「先月」「去年」等表示过去时间的词。

電気街	肯定形式	否定形式
非過去形	電気街です	電気街では ありません
過去形	電気街でした	電気街では ありませんでした

◆ 秋葉原は むかし 電気街でした。（秋叶原从前是电器街。）

◆ ここは サブカルチャーの 街では ありませんでした。（这里〈以前〉不是现代文

化街。)

4. ［名］を ［数量］［動］ます

汉语在表示数量时,数量词一般置于物品之前,如"买了2本书"。而日语的数量词一般置于物品和格助词之后、动词之前。另外,在汉语中,毛巾的量词为"条",而日语的毛巾量词卷起来时用「本」,铺开的状态用「枚」。如:

◆ 李君は タオルを 2枚 買いました。(小李买了2条毛巾。)
◆ 李君は クリアファイルを 10枚 買いました。(小李买了10张单页文件夹。)

5. でも、～

「でも」是「それでも」的省略形式,在肯定前项内容的同时,引出与之相反的结果,与汉语"不过""但是""可是"的意思相近。

◆ きのうは すごい 雨でした。でも、夕方からは 晴れました。(昨天好大的雨啊。不过,傍晚开始变晴了。)
◆ クリアファイルを 10枚 買いました。でも、あまり 安く なかったです。(买了10张单页文件夹。但是,不怎么便宜。)

練習A 文法練習

一、［例］ きのう/暖かい

→ きのうは 暖かかったです。

1. 先週/寒い　　　　　　　　　2. きのう/忙しい
3. きのう 雨/強い　　　　　　 4. 先週の テスト/難しい

二、［例］ 秋葉原/にぎやか

→ きのう 秋葉原へ 行きました。とても にぎやかでした。

きのう 秋葉原へ 行きました。あまり にぎやかでは ありませんでした。

1. コンビニ/便利　　　　　　　　2. 上原さんの　部屋/きれい

3. 温泉/にざやか　　　　　　　　4. あの　村/不便

三、［例］　コスプレ/おもしろい

　　→　コスプレは　おもしろく　ありませんでした。

　　コスプレは　おもしろく　なかったです。

1. お台場は/楽しい　　　　　　　2. タオル/高い

3. 都庁/高い　　　　　　　　　　4. パソコン/安い

四、［例］　学校の　図書館/静か

　　→　学校の　図書館は　静かでは　ありませんでした。

　　学校の　図書館は　静かでは　なかったです。

1. 成田空港/便利　　　　　　　　2. この村/不便

3. 新宿/にぎやか　　　　　　　　4. カタカナ/簡単

五、［例］　秋葉原/電気街

　　→　秋葉原は　電気街でした。

1. 京都/古い町　　　　　　　　　2. 鑑真/中国人

3. きのうの定食/豚カツ　　　　　4. 王先生/留学生

六、［例］　毎朝/パン/1枚/食べます。

　　→　毎朝　パンを　1枚　食べます。

1. 毎日/牛乳/2杯/飲みます　　　2. 毎朝/日本語/30分/勉強します

3. 毎晩/お酒/1本/飲みます　　　4. 毎月/電車賃/1万円/かかります

七、［例］　午前中/晴れです/午後/雪が降ります

　　→　午前中は晴れでした。でも、午後は、雪が降りました。

1. 学校/行きます/今日/休みです

2. スーパー/行きます/安くありません

3. 教室/入ります/誰/いないです

4. 毎日3時間/勉強します/上手ではありません

練習B　会話練習

一、［例］　秋葉原/楽しい/暖かい

→　A：秋葉原は　どうでしたか。

　　B：とても　楽しかったですよ。

　　A：天気は　どうでしたか。

　　B：ちょっと　暖かかったですね。

1. お台場/楽しい/暑い
2. 軽井沢/ちょっと遠い/涼しい
3. 北海道/広い/寒い
4. 広島/遠い/いい

二、［例］　デパート/にぎやか

→　A：きのう　デパートへ　行きました。

　　B：にぎやかでしたか。

　　A：いいえ、にぎやかでは　ありませんでした。

1. 美術館/にぎやか
2. レストラン/きれい
3. コンビニ/便利
4. 病院/大丈夫

三、［例］　きのう/いい　天気/雨

→　A：きのうは　いい　天気でしたか。

　　B：いいえ、いい　天気では　ありませんでした。雨でした。

1. 先週/休み/出張
2. ここ/むかし　川/海
3. きのう/授業/休み
4. クリスマスイブ/晴れ/雪

四、[例] スーパー/トマト/三つ

→ A:きのう、どこへ 行きましたか。

B:スーパーへ 行きました。

A:そうですか。何を 買いましたか。

B:トマトを 三つ 買いました。

1. 本屋/日本語の本/3冊
2. 自転車屋/自転車/1台
3. 花屋さん/バラ/100本
4. 百円ショップ/ボールペン/5本

五、[例] きょうの デザイン/12時15分/金曜日/10時半まで

→ A:きょうの デザインの 授業は 何時までですか。

B:12時15分までです。

A:そうですか。

B:でも、金曜日は 10時半までです。

A:僕もです。

1. 月曜/2時半/火曜日/10時半まで
2. フランス語/4時15分/水曜日/12時15分まで
3. 日本語/12時15分/木曜日/4時15分まで
4. 体育/5時45分/金曜日/暇

六、日汉翻译

1. きのう、友達と いっしょに 海へ 行きました。楽しかったです。
2. 田中さんは 先週 あまり 元気では ありませんでした。
3. おとといは 雪でした。いい天気 では ありませんでした。
4. 李さんは 新しい ゲームソフトを 5本 買いました。

5. 中華料理はおいしいです。でも、安く　ありません。

七、汉日翻译

1. 我上周看了日本的电视剧，非常有意思。

2. 这条河以前不是很干净。

3. 这里以前不是工厂，是海。

4. 小刘买了3瓶香水。

5. 昨天感冒了。但是，还是去了学校。

扩展单词

一昨日(おととい)③	前天	先週(せんしゅう)⓪	上周
先月(せんげつ)①	上个月	去年(きょねん)①	去年
暑い(あつい)②	(天气)炎热	涼しい(すずしい)③	天气凉爽
花屋(はなや)②	鲜花店	百円(ひゃくえん)ショップ⑤	百元商店
香水(こうすい)⓪	香水	風邪(かぜ)⓪	感冒

理解当代中国

根据中国国家地理网"景观"栏，景观可分为：地文景观，如平原、戈壁、峡谷、石林等；水文景观，如湿地、冰川、岛屿、海岸等；生物景观，如热带雨林、草原、牧场、梯田等；气象与天象景观，如观星地、海市蜃楼、云雾、极光等；遗址与遗迹景观，如寺庙、古塔、红色景区、石窟等；人文活动景观，如城区、博物馆、游乐园、温泉等；名录，如世界自然遗产、世界文化遗产、世界文化与自然双重遗产、世界文化景观、中国世界级自然保护区名录、国家级非物质文化遗产名录等。

http://www.dili360.com/根据中国国家地理网资料撰写

第12課
明日は 日曜日ですから、混むでしょう

場景 热爱动漫的同学们邀请王老师一起去东京的"三鹰之森吉卜力美术馆"。

I. 学習ポイント

1. 明日は 日曜日ですから、混むでしょう。
2. 王先生も いっしょに 行きませんか。
3. 明日は 晴れるでしょう。
4. 席の 予約は Webだけです。
5. すみません、宝くじを 10枚 ください。

Ⅱ. 基本会話

1. A:いつ ファッション博物館へ 行きますか。
   B:明日 行きます。
   A:明日は 火曜日ですから、博物館は 休みですよ。
   B:そうですか。残念です。

2. A:明日 ジブリ美術館へ 行きます。
   B:いいですね。
   A:王先生も いっしょに 行きませんか。
   B:残念ですが、明日 授業が あります。

3. A:明日 どこへ 行きますか。
   B:京都へ 行きます。明日の 天気は どうですか。
   A:明日は 晴れるでしょう。

4. A:バスの 予約を しましたか。
   B:いいえ、まだです。
   A:席の 予約は Webだけですよ。
   B:そうですか。すぐ 予約します。

5. A:すみません、宝くじを 10枚 ください。
   B:はい、3千円です。

Ⅲ. 応用会話

（大家在宾馆大厅里聊天，谈到了三鹰之森吉卜力美术馆。）

李　君:日本の アニメは とても おもしろいですね。

上原さん:そうでしょう。大学入試試験に テレビアニメ「鉄腕アトム」の 問題も 出ました。

李　君:そうですか。宮崎駿監督の アニメも 大変 人気が あるでしょう?

上原さん：はい、アカデミー賞も　受賞しましたから、人気が　ありますよ。ところで、三鷹に「ジブリ美術館」が　あります。知って　いますか。

劉　さん：それは　どんな　美術館ですか。

上原さん：トトロや　ポニョなど　宮崎駿監督の　アニメ・キャラクターの　美術館です。

李　君：そうですか。それは　知りませんでした。

上原さん：三鷹は　新宿から　特快で　2駅　12、3分ぐらいですから、近いですよ。

劉　さん：近いですね。王先生も　いっしょに　行きませんか。

王先生：わたしは　去年　行きましたから、今回は　行きません。でも、本当に　不思議な　美術館で、お勧めですよ。

劉　さん：明日は　日曜日ですから、土日は　混むでしょう？

上原さん：はい。でも、入場券は　予約制ですから、今　確認します。

劉　さん：Web予約ですか。

上原さん：はい。便利でしょう？

劉　さん：そうですね。ところで、藤原君も　行くでしょう？

藤原君：はい、行きます。

（大家站在罗森的多功能终端设备前。）

劉　さん：すみません、さっきの　予約番号を　ください。

上原さん：はい、どうぞ。予約番号は　12345-67898で、引取番号は　56480-41086です。

劉　さん：はい、ありがとうございます。1枚　千円ですから、みなさん　一人　千円を　ください。（走到收银台）すみません、ジブリ美術館の　チケットを　ください。

（在三鹰站下了车，大家走向吉卜力美术馆。）

劉　さん：わぁ、あれは　トトロですか。大きいですね。ここは　受付では　ないでしょう？

上原さん：はい、違います。本当の　受付は　美術館に　あります。おもしろいでしょう？

李　君：ええ、バスも　ネコバスの　デザインですね。

劉　さん：（进了美术馆）あ、ネコバス！ふわふわ、かわいいですね。

上原さん：でも、ここは　小学生以下だけです。

李　君：そうですか。それは　残念ですね。

劉さん：天井の ガラスの ドームに クジラや ポニョが います。ほんとうに
　　　　きれいですね。
李君：屋上に ロボット兵が いますよ。なかなかの 迫力ですね。
藤原君：ああ、ラピュタですね。ラピュタと 記念写真を 撮りませんか。
李君：はい、お願いします。
上原さん：地下1階に 映画館が あります。ここだけの 限定アニメを 放映しますから、
　　　　見ますか。
劉さん：はい、見ます。
李君：ほんとうに 不思議な 美術館ですね。

Ⅳ. 新しい単語

表記/読み/アクセント	品詞/意味
混む（こむ）①	[自五]拥挤
予約（よやく）⓪	[名・他サ]预约
宝くじ（たからくじ）③	[名]彩票
残念（ざんねん）③	[形動]遗憾
ジブリ①	[专]吉卜力
美術館（びじゅつかん）③	[名]美术馆
京都（きょうと）①	[专]京都
面白い（おもしろい）④	[形]有趣
入試（にゅうし）⓪①	[名]入学
試験（しけん）②	[名]考试
入試試験（にゅうししけん）④	[名]入学考试
鉄腕アトム（てつわんアトム）⑤	[专]铁臂阿童木（动漫名）
宮崎駿（みやざき　はやお）⓪	[专]宫崎骏
監督（かんとく）⓪	[名]导演
アカデミー賞（アカデミーしょう）④	[专]奥斯卡奖
受賞（じゅしょう）⓪	[名・自他サ]获奖
三鷹（みたか）⓪	[专]三鹰
トトロ①	[专]龙猫

续表

表記/読み/アクセント	品詞/意味
ポニョ①	[专]金鱼姬，金鱼公主
キャラクター②①	[名]吉祥物
特快(とっかい)⓪	[名]特快
不思議(ふしぎ)⓪	[形動]神奇的，不可思议的
お勧め(おすすめ)⓪	[名]建议，意见
入場券(にゅうじょうけん)③	[名]入场券，门票
引取(ひきとり)⓪	[名]领取
受付(うけつけ)⓪	[名・他サ]接待，前台
違う(ちがう)⓪	[自五]错误，不一样
ふわふわ⓪	[副]柔软，松软
可愛い(かわいい)③	[形]可爱
小学生(しょうがくせい)③	[名]小学生
天井(てんじょう)⓪	[名]天花板
ガラス⓪	[名]玻璃
ドーム①	[名]半圆形屋顶
クジラ⓪	[名]鲸鱼
ロボット兵(ロボットへい)④	[专]机器人士兵
なかなか⓪	[副]很，非常
迫力(はくりょく)②⓪	[名]气魄，气势
ラピュタ①	[专]天空之城
映画館(えいがかん)③	[名]电影院
限定(げんてい)⓪	[名・他サ]限定
放映(ほうえい)⓪	[名・他サ]放映

V. 学習ポイント解釈

1. ～から、～

接续助词「から」接在前句后面，表示后句内容成立的原因或理由。如：

◆ 明日は　火曜日ですから、博物館は　休みですよ。（明天是星期二，博物馆休息吧？）

◆ 三鷹は　新宿から　2駅　12、3分ぐらいですから、近いですよ。（三鹰很近的，从新宿过去两站12、13分钟。）

2. [動]ませんか

动词的否定形式「～ません」加上表示疑问的「か」，形式上是疑问形式，实际上是表示邀请或建议对方做某事的意思。

◆ 王先生も　いっしょに　行きませんか。（王老师也一起去吧。）

◆ この　映画館だけの　限定アニメですから、見ませんか。（只有在这家影院才能看到的动漫，一起看看吧。）

3. [動]/[形]/[形動]/[名]+でしょう

「でしょう」是「です」的推测方式，常常与「たぶん」等副词一起使用，接在名词、用言（动词、形容词、形容动词）基本形或词干后面，表示不确定的断定或推测。

根据「でしょう」声调的不同，语义会发生变化。表示确认时，其声调为上扬调。

◆ いいえ、あしたは　晴れるでしょう。（不，明天会是晴天吧。）↓（断定）

◆ ここは　受付ではないでしょう。（这里不是接待处吧。）↓（断定）

◆ Web予約は　便利でしょう。（网上预约方便吧。）↑（确认）

◆ でも、あしたは　雪でしょうね。（但是，明天大概下雪吧。）↓（断定）

◆ ところで、藤原君も　行くでしょう。（话说回来，藤原君也去的吧?）↑（确认）

4. [名]だけ

「だけ」接在名词后面，表示对该名词所表达内容的限定，或对某一事物的范围进行限定。相当于汉语的"只有""仅仅"等。

◆ ここは　小学生以下だけです。（这里只有小学生以下〈可以乘坐〉。）

◆ この　映画館だけの　限定アニメを　放映します。（放映仅限这个电影院放映的动画片。）

5. [名]を　ください

「名詞を　ください」是要求对方给予某物的表达方式，可用于购物、用餐等消费活动中，表示请对方按照自己的要求做某事的意思。汉语多翻译成"请给我～"。但是，因为这个表达形式是一种较为礼貌的命令，因此不能对长辈或上司等比自己地位高的人使用。如：

◆ 宝くじを　10枚　ください。（给我10张彩票。）

◆ みなさん、一人　千円を　ください。（大家每人给我一千日元。）

練習A　文法練習

一、［例］　あります　→　ある

いきます		みます		きます	
かいます		のみます		します	
はれます		たべます		出張します	
帰ります		おくれます		留学します	

二、［例］　明日/火曜日/お休みです

　　→　明日は　火曜日ですから、お休みです。

1. 新宿/１駅/近いです
2. 土日/休み/混みます
3. 金曜日/暇/ゲームします
4. この本/おもしろい/買います

三、［例］　図書館へ/行きます。

　　→　いっしょに　図書館へ　行きませんか。

1. 映画を/見ます
2. お茶を/飲みます
3. コンサートへ/行きます
4. ゲームを/します

四、［例］　明日/雪

　　→　明日は　雪でしょう。

1. 来週/花が　咲く
2. 劉さん/牛乳を　飲みます
3. 四川料理/辛い
4. 昨日の　試験/合格します
5. 新宿/にぎやか
6. 図書館/静か
7. あした/いい天気
8. 橋本さん/日本人

五、[例]　トマト/1コ/買います

　　→　トマトを　1コだけ　買いました。

1. パン/1枚/食べます　　　　　2. マンガ/1冊/買います

3. ビール/1本/飲みます　　　　4. 味噌汁/1口/飲みます

六、[例]　80円の　切手/3枚

　　→　すみません、80円の　切手を　3枚　ください。

1. その　りんご/一つ　　　　　2. この　みかん/1袋

3. この　たばこ/1箱　　　　　4. この　ガム/一つ

七、[例]　メール

　　→　メールを　ください。

1. 電話　　　　　　　　　　　2. メール

3. お茶　　　　　　　　　　　4. パンフレット

練習B　会話練習

一、[例]　美術館/月曜日/休みです

→　A:明日　いっしょに　美術館へ　行きませんか。

　　B:明日は　月曜日ですから、休みですよ。

　　A:そうですか。じゃ、来週の　土曜日は　どうですか。

　　B:ええ、土曜日は　大丈夫です。

1. カラオケ/テスト/忙しい

2. ディズニーランド/日曜日/混みます

3. 映画館/仕事/休みません

4. お台場/出張/いません

二、［例］ 明日/パーティー/藤原君/行きます

→ A:明日は パーティーが ありますね。

B:そうですね。藤原君も 行くでしょう？

A:さあ、どうかな。

B:いっしょに 行きませんか。

A:それじゃ、行きます。

1. 明日/ピクニック/上原さん/参加します

2. 来週/コンテスト/劉さん/発表します

3. 来月/日本研修/李君/行きます

4. 来月/カラオケ大会/張さん/歌います

三、［例］ 切手/82円/3枚

→ A:いらっしゃいませ。

B:あのう、切手を ください。

A:何円の 切手ですか。

B:82円の切手を 3枚 ください。

1. 宝くじ/300円/10枚

2. はがき/52円/5枚

3. 切手/2円/10枚

4. ゲームソフト/3DS/2本

四、日汉翻译

1. 外は寒いからコートを着ます。

2. この洋服はおしゃれですね。高いでしょう。

3. 後2、3日で、桜が咲くでしょう。

4. 私たちの専攻は藤原君だけ男性です。

5. ノートを3冊ください。

五、汉日翻译

1. 一个人都没有,(所以)把空调关了。

2. 暑假一起去北海道吧?

3. 大甩卖会很便宜吧?

4. 只有桥本没有去上海。

5. 来两瓶啤酒。

扩展单词

漫画(まんが)⓪	漫画	咲く(さく)⓪	开花
コンサート①	音乐会	みかん①	桔子
合格する(ごうかくする)⓪	合格	パーティー①	聚会
ピクニック①③	郊游	研修(けんしゅう)⓪	实习,研修
バーゲンセール⑤	大甩卖	ビール①	啤酒
映画(えいが)	电影		

理解当代中国

　　一百多年前,陈望道潜心翻译《共产党宣言》,成为中国共产党坚定革命信仰的思想起点,推动了马克思主义在中国的广泛传播。陈望道,1891年1月18日生于浙江义乌县分水塘村农家,早年就读于金华中学。1915年赴日本留学,获中央大学法学士学位。1919年回国,翌年翻译出版《共产党宣言》。《共产党宣言》的出版,教育了中国最早期的一代共产主义者,对中国共产党的创建起到了重要的理论奠基作用。

　　https://www.fdsm.fudan.edu.cn/nwmba/nwmba1393505628584 根据复旦大学网资料撰写

第13課

劉さん、左側に乗ってください

場景 大家离开吉卜力美术馆后，返程在新宿站下车，顺道去了东京都厅展望台。

I. 学習ポイント

1. 劉さん、左側に 乗って ください。
2. 外国人が 写真を 撮って います。（進行）
   都庁まで 案内板が 出て います。（状態）
   劇場の アシスタントを して います。（職業）
   毎週の 金土日は 劇場で 照明アシスタントを して います。（習慣）
3. 中央線に 乗りました。

4. 何時に 美術館を 出ましたか。

5. スマホで 撮ります。

6. 動詞の「連用形」(「テ形」)

II. 基本会話

1. A: 「動く歩道」は 便利ですね。
   B: はい。あのう、劉さん、左側に 乗って ください。
   A: あ、すみません。日本では 左乗りですね。

2. A: 劉さんは アルバイトを して いますか。
   B: はい、して います。
   A: どんな アルバイトですか。
   B: 英語の 家庭教師です。

3. A: 何時に 美術館を 出ましたか。
   B: 5時に 出ました。
   A: 新宿まで 何線に 乗りましたか。
   B: 中央線に 乗りました。

4. A: 昨日 ジブリ美術館を 出て、都庁の 展望台へ 行きました。
   B: そうですか。「動く歩道」に 乗りましたか。
   A: はい。改札口を 出て、「動く歩道」に 乗りました。
   B: 都庁は 「動く歩道」を 降りて、すぐ目の 前ですね。

5. A: ジブリ美術館の チケットを 予約しましたか。
   B: ええ、Webで 予約しました。
   A: カメラの バッテリーを 充電しましたか。
   B: いいえ、して いません。スマホで 撮ります。

Ⅲ. 応用会話

（大家离开吉卜力美术馆，乘坐中央线到新宿车站下车，乘自动人行道，去东京都厅。）

藤原　君：あのう、劉さん、ちょっと　左側に　乗って　ください。

劉　　さん：あ、すみません。日本は　左乗りですね。

藤原　君：いいえ、そうじゃ　ないですよ。東京では　左乗りですが、大阪では　右乗りですよ。

李　　君：そうですか。

劉　　さん：（看到了指示牌）あ、都庁までの　案内板が　出て　います。ほとんど　漢字ですね。

藤原　君：漢字は　便利でしょう？

劉　　さん：はい。ほんとうに　助かります。

藤原　君：日本人も　漢字で　助かって　いますよ。

（大家走出东京都厅展望台的电梯。）

劉　　さん：うわー！広いですね。（看到地上的丢失物品）あら、キーホルダーが　落ちて　います。

上原さん：あちらの　外国人のじゃ　ないですか。ほら、あそこで　写真を　撮って　います。

劉　　さん：（走向那位外国人）これは　そちらの　落し物ですか。

外国人：ああ、サンキュー！ありがとう。

上原さん：せっかくですから、みなさん　ここで　記念写真は　どうですか。

藤原　君：はい。じゃ、僕の　カメラで　撮って　ください。

劉　　さん：わたしのも　お願いします。

外国人：O－K－？Cheese.

みなさん：ありがとうございました。サンキュー！

李　　君：見て見て、あれは　東京モダン芸術学院じゃ　ないですか。

藤原　君：はい。結構　目立ちますね。

李　君：あ、あの　人は　何を　して　いますか。

藤原　君：どこ？

李　君：ほら、あの　ビルです。あの　人は　ビルを　登って　いるでしょう？

藤原　君：ああ、あれは　ガラス掃除ですよ。

李　君：ええ？あんな　高い　ところで　掃除を　して　いますか。

藤原　君：はい。ほら、見て。作業員が　ゴンドラに　乗って　いるでしょう？

李　君：そうですか。初めて　見ました。

劉　さん：（突然間）あれ？揺れて　いませんか。地震ですか。

藤原　君：あ、揺れて　いますね。

上原さん：（嘀嘀嘀）地震速報が　届いて　います。震度4でした。

李　君：大丈夫ですか。こんな　高い　ところで。

上原さん：ええ、大丈夫でしょう。日本人は　子どもの　頃から　防災訓練を　受けて　いますから、慣れて　います。

李　君：そうですか。

藤原　君：あのう、すみませんが、これから　アルバイトが　ありますから、さきに　失礼します。

劉　さん：アルバイトですか。どこで　働いて　いますか。

藤原　君：ええと、劇場で　働いて　います。毎週　金土日は　劇場で　照明アシスタントを　して　います。

劉　さん：そうですか。偉いですね。

Ⅳ. 新しい単語

表記/読み/アクセント	品詞/意味
左側（ひだりがわ）⓪	[名]左側
乗る（のる）⓪	[自五]乘坐
外国人（がいこくじん）④	[名]外国人
案内板（あんないばん）⓪	[名]指示牌，告示牌

续表

表記/読み/アクセント	品詞/意味
出る(でる)①	[自一]出现,没有,离开
毎週(まいしゅう)⓪	[名]每周
照明(しょうめい)⓪	[名]照明
アシスタント②	[名]助手,助理
中央線(ちゅうおうせん)⓪	[专]中央线
動く歩道(うごくほどう)⓪	[名]人行步道
あのう⓪	[叹]喂,嗯,请问
左乗り(ひだりのり)⓪	[名]靠左乘坐
アルバイト③	[名]打工
英語(えいご)⓪	[名]英语
家庭教師(かていきょうし)④	[名]家庭教师
展望台(てんぼうだい)⓪	[名]展望台
改札口(かいさつぐち)④	[名]检票口
降りる(おりる)②	[自一]下来,下降
目の前(めのまえ)③	[名]眼前,面前
バッテリー⓪	[名]电池
充電(じゅうでん)⓪	[名・他サ]充电
助かる(たすかる)③	[自五]得益,得方便,得救
キーホルダー③	[名]钥匙圈
落し物(おとしもの)⓪	[名]遗失物
折角(せっかく)④	[副]难得,好不容易
記念写真(きねんしゃしん)④	[名]纪念照
結構(けっこう)①	[名・形动]相当,蛮好
目立つ(めだつ)②	[自五]显眼,明显
登る(のぼる)⓪	[自五]攀登,爬上,登上
ガラス⓪	[名]玻璃
掃除(そうじ)⓪	[名・他サ]清扫
作業員(さぎょういん)②	[名]作业人员
ゴンドラ⓪	[名]吊篮,吊舱,缆车舱
揺れる(ゆれる)②	[自一]摇晃,摇动
地震(じしん)⓪	[名]地震

续表

表記/読み/アクセント	品詞/意味
速報(そくほう)⓪	[名・他サ]快讯,快报
届く(とどく)②	[自五]到达,送到
震度(しんど)①	[名]地震烈度
大丈夫(だいじょうぶ)③	[形动]没关系,不要紧
子ども(こども)⓪	[名]孩子
防災(ぼうさい)⓪	[名]防灾
訓練(くんれん)①	[名/动]训练
防災訓練(ぼうさいくんれん)⑤	[名]防灾训练
受ける(うける)②	[他一]接到,受到
慣れる(なれる)②	[自一]习惯
失礼する(しつれいする)②	[自サ]告辞
働く(はたらく)⓪	[自他五]工作,干活,劳动
偉い(えらい)②	[形]了不起,伟大

V. 学習ポイント解釈

1. 動詞の「連用形」(「テ形」「タ形」)

日语的动词不仅表示动作・作用,也可以表示状态・存在。动词有多种活用形式,连用形主要是指动词后面接「～ます」「～て」「～た」的形式。在第7课,我们已经学习了动词的基本分类和最常用的连用形「マス形」,本课介绍动词的「テ形」。「テ形」的变化规则如下:

一段动词、カ变动词、サ变动词的「テ形」与其「マス形」的变化规则相同。即:

見る	見ます	みます	み+て	みて
食べる	食べます	たべます	たべ+て	たべて
来る	きます	きます	き+て	きて
する	します	します	し+て	して

五段动词的「テ形」根据动词词尾的不同会发生「音便」(音变),「音便」有以下三种:

イ音便:词尾位于カ、ガ行ウ段(く、ぐ)　　如:書く　　かきます　　かいて

促音便:词尾位于タ、ラ、ワ行ウ段(う、つ、る)　如:買う　　かいます　　かって

撥音便：词尾位于ナ、バ、マ行ウ段(ぬ、ぶ、む)　如：読む　　よみます　　よんで

需要注意的是，五段动词的词尾是「す」时不发生音变。「行く」发生促音变。即：

話す　　はなします　　はなして

行く　　いきます　　　いって

種類	基本形	連用形		
		マス形	テ形	
五段	話す	はなします	はなして	
	書く	かきます	かいて	イ音便
	買う	かいます	かって	促音便
	読む	よみます	よんで	撥音便
上一段	見る	みます	みて	
	起きる	おきます	おきて	
下一段	食べる	たべます	たべて	
カ変	来る	きます	きて	
サ変	する	します	して	

2. ［動］て　ください

　　动词的「テ形」加「ください」，用于比较客气的、委婉指示或命令。多表示说话人希望对方听从自己的指示，或为自己做某事的意思。这种表达方式只适用于对有权支配的晚辈、下级使用，而不宜对长辈或上级使用。如：

◆ 劉さん、左側に　乗って　ください。（小刘，请往左边靠。）

◆ 僕の　カメラで　撮って　ください。（请用我的照相机拍摄。）

3. ［動］て　います

　　动词后续「ています」，根据动词所表达的动作性质的不同而分别表示动作的进行、状态、习惯等不同含义。如：

◆ 外国人が　写真を　撮って　います。（外国人正在拍照。）（進行）

◆ 都庁までの　案内板が　出て　います。（有往都厅方向的指示牌。）（状態）

◆ 劇場で　働いて　います。（在剧场工作。）（職業）

◆ 毎週　金土日は　劇場で　照明アシスタントを　しています。（每周的周五、周末在剧场做辅助工作。）（習慣）

4. ［名］（場所）に　［動］ます

表示动作的着落点时，在动词和着落点之间要使用格助词「に」。如：

◆ 左側に　乗って　ください。（请往左边靠。）

◆ 作業員が　ゴンドラに　乗って　いるでしょう？（工作人员不是坐在吊篮里吗？）

5. ［名］（場所）を　［動］ます

格助词「を」与表示动作移动的动词接续时，表示物体移动的起始点。多表示人物、物体从小范围向大范围、从内部向外部移动或表示通过此区域。

◆ 5時に　美術館を　出ました。（5点从美术馆出来。）

◆ 都庁は「動く歩道」を　降りて、すぐ目の　前です。（从自动人行道下来，眼前就是都厅。）

6. ［名］（物）で　［動］ます

在第7课，我们学习了格助词「で」可以表示动作的场所，本课也出现了类似的用法，如「劇場で働いています」。除此之外，「で」还可以表示手段、方法、工具、材料等。如：

◆ Webで　予約しました。（在网上预订。）

◆ アイフォンで　撮ります。（用苹果手机拍照。）

┃練習Ａ　文法練習

一、［例］　寒いです/閉めます

　　→　寒いですから、ドアを　閉めて　ください。

1. 暑いです/窓を　開けます

2. 暗いです/電気を　つけます

3. 雨です/タクシーで　帰ります

4. エアコンを　つけます/窓を　閉めます

二、[例]　王先生/新聞を　読みます

　　　→　王先生は　今　新聞を　読んで　います。

1. 藤原君/走ります

2. 上原さん/お茶を　飲みます

3. 鈴木さん/タバコを　吸います

4. 佐藤さん/テレビを　見ます

三、[例]　吉田先生/教室/入ります

　　　→　吉田先生は　教室に　入ります。

1. 劉さん/電車/乗ります　　　　　2. 李君/動く歩道/乗ります

3. 上原さん/大学院/入ります　　　4. 藤原君/スポーツクラブ/入ります

四、[例]　劉さん達/改札口/出ます

　　　→　劉さん達は　改札口を　出ました。

1. 藤原君/電車/降ります

2. 上原さん/毎日8時に　家/出ます

3. 橋本さん/3年前に　大学/卒業します

4. 王先生/毎晩　公園/散歩します

五、[例]　上原さん/ケータイ/チケット/予約します

　　　→　上原さんは　ケータイで　チケットを　予約しました。

1. 藤原君/紙/飛行機/作ります

2. 李君/アイフォン/写真/撮ります

3. 劉さん/カード/チケット代/払います

4. 上原さん/アイパッド/スケジュール/書きます

練習B 会話練習

一、[例]　鉛筆/ボールペン

　　　A:ここは　鉛筆で　書いて　ください。

　　　B:はい。あの、ここも　鉛筆で　書きますか。

　　　A:いいえ、そこは　ボールペンで　書いて　ください。

　　　B:はい、わかりました。

1. ボールペン/鉛筆　　　　　　　　2. 鉛筆/ボールペン
3. ボールペン/筆　　　　　　　　　4. 筆/鉛筆

二、[例]　東京モダン芸術学院/蘇州貿易職業学院

　　　A:橋本さんの　職業は　何ですか。

　　　B:職員です。東京モダン芸術学院で　働いて　います。

　　　A:そうですか。

　　　B:吉本さんは?

　　　A:わたしは　教師です。蘇州貿易職業学院で　教えて　います。

1. 北区役所/小学校　　　　　　　　2. 東京都庁/東京学院
3. AKH学院/MANABU高校　　　　　　4. 京都学院/イロハ大学

三、[例]　電車/バス

　　　A:田中さんは　毎朝　何時に　家を　出ますか。

　　　B:そうですね、7時半ごろ　家を　出ます。そして、電車に　乗ります。

　　　A:わたしは　6時ごろ　家を　出ます。そして、バスに　乗ります。

　　　B:早いですね。

1. バス/地下鉄　　　　　　　　　　2. 地下鉄/電車
3. 電車/新幹線　　　　　　　　　　4. 新幹線/バス

四、日汉翻译

1. ジブリ美術館の チケットは ローソンで 予約して ください。

2. 劉さん達は 映画館で アニメを 見て います。

3. みなさんは 電車に 乗りました。そして、全員 いすに 座りました。

4. 劉さんは 来年、川南外語工商職業学院を 卒業します。

5. この いすは 紙で 作りました。

五、汉日翻译

1. （海关人员）请打开这个旅行箱。

2. 小李在填写问卷调查表。

3. 上课了，大家快进教室。

4. 铃木小姐去年高中毕业，考上了大学。

5. 问卷调查表请用圆珠笔填写。

扩展单词

話す(はなす)②	说，说话	エアコン⓪	空调
タクシー①	出租车	卒業する(そつぎょうする)⓪	毕业
閉める(しめる)②	关闭	スケジュール②③	日程表
チケット②①	入场券,票	筆(ふで)⓪	毛笔
鉛筆(えんぴつ)⓪	铅笔	地下鉄(ちかてつ)⓪	地铁
座る(すわる)⓪	坐	ローソン②	罗森便利店
アンケート①③	问卷调查	高校(こうこう)⓪	高中
暗い(くらい)⓪	灰暗的		

理解当代中国

中国高速铁路(China Railway Highspeed)，简称中国高铁。截至2023年1月13日，全国铁路营业里程从2012年的9.8万公里增长到2022年的15.5万公里，其中高铁从0.9万公里增长到4.2万公里，稳居世界第一。经过多年发展，中国高速铁路已形成了独特的交通文化体系。CRH是"中国高速铁路"英文"China Railway Highspeed"的缩写。CRH系列动车组取名"和谐号"，寓意"建设和谐铁路、打造和谐之旅、构建社会主义和谐社会"。

http://finance.people.com.cn/n1/2023/0113/c1004-32606176.html 根据人民网资料撰写

第14課
ディズニーランドへ行きましょう

場景 还有两天就要回国了。这天,同学们一同去迪士尼乐园游玩。

I. 学習ポイント

1. きのう 地震が ありました。
2. 昼ご飯は どこで 食べますか。
3. あした ディズニーランドに 行くから、きょうは 早く 寝ます。
4. オリンピックは 4年に 1度です。
5. みんなで ディズニーランドに 行きましょう。
6. おにぎりが ありますが、食べませんか。

II. 基本会話

1. A：きのう 地震が ありましたね。びっくりしたでしょう。
   B：ええ、怖かったですよ。
   A：そのとき、どこに いましたか。
   B：都庁の 展望台に いました。ビルが すごく 揺れて いましたよ。
   A：あらら。

2. A：ディズニーランドは いつも 混雑して いますね。
   B：そうですね。昼ご飯は どこで 食べますか。
   A：あのう、おにぎりが ありますが、食べませんか。
   B：おにぎり？どこで 買いましたか。
   A：いいえ、これは 母が 作りました。

3. A：ディズニーランドの 行き方が 分かりますか。
   B：はい。上原さんが 丁寧に 説明しました。
   A：じゃ、あした 早いから、きょうは 早く 帰ります。
   B：そうですね。わたしも 早く 寝ます。

4. A：2020年夏季オリンピックが 東京で 開催されましたね。
   B：そうですね。オリンピックは 4年に 1度ですから、56年ぶりです。

5. A：朝 早起きが 苦手ですから、明日は 大変です。
   B：目覚ましじゃ ダメでしょうか。
   A：そうですね。たぶん ダメでしょうね。
   B：じゃ、わたしが 電話で 起こしましょうか。
   A：本当ですか。お願い いたします。

III. 応用会話

（同学们一同去东京迪士尼乐园游玩。一路上，大家就各种话题交流得非常愉快。）

李　　君：ディズニーランドは　東京から　遠いですか。

藤原　君：いいえ、遠く　ありません。京葉線で　20分ぐらいです。朝は　4、5分に　1本　動いて　います。本数が　多いですよ。

李　　君：そうですか。それは　便利ですね。

（看到了奥运会的宣传旗帜。）

李　　君：2020年オリンピックが　東京で　開催されましたね。

藤原　君：ええ、4年に　1度の　イベントですが、パンデミックの　影響で、開催されたのは　2021年でした。

劉　さん：ところで、アトラクションは　けっこう　並びますか。

藤原　君：はい。人気の　乗り物は　2時間以上　かかりますが、ファストパスで　乗りましょう。

上原さん：ファストパスは　朝の　うちに　もらいましょう。

劉　さん：はい。分かりました。ディズニーランドの　一番の　楽しみは　何でしょうか。

上原さん：うん、それは　難しいですね。わたしは　パレードが　一番　楽しいですね。

藤原　君：わたしは　ビッグサンダー・マウンテンが　楽しいですよ。(上原さんに)パレードの　最中は　最高でしょう？スペース・マウンテンも　けっこう　おもしろいです。

上原さん：はい。よく　知って　いますね。

劉　さん：（从车窗里看见了灰姑娘城堡）あ、あれが　シンデレラ城ですか。

上原さん：はい。友達の　お姉さんが　あそこで　結婚式を　挙げました。

劉　さん：え？本当？羨ましいですね。

（到达舞浜车站。）

上原さん：園内まで　モノレールも　ありますが、どう　しましょうか。

李　　君：近いから　歩きましょう。藤原君は　何に　乗りますか。

藤原　君：まず　スペース・マウンテンに　乗りましょう。

李　　君：いいですね。そう　しましょう。

劉　さん：私たちは　シンデレラ城に　行きます。

（进了迪士尼乐园大门。）

劉　さん：わあ！すばらしいですね。ここが　夢と　魔法の　国ですか。

藤原　君：じゃ、これから　自由行動ですから、夕方　ファンタジーランドで　集合しましょう。

それから、夜、いっしょに　ミッキーマウスたちの　パレードを　見ましょう。

みなさん：はい、分かりました。

藤原　君：それでは、一日　楽しく　遊びましょう。

IV. 新しい単語

表記/読み/アクセント	品詞/意味
ディズニーランド⑤	[专]迪士尼乐园
昼ご飯(ひるごはん)③	[名]午餐
オリンピック④	[专]奥林匹克运动会
度(ど)⓪	[名]次数
びっくり③	[副]吃惊
怖い(こわい)②	[形]可怕,害怕
いつも①	[副]总是
あらら①	[叹]啊,表示惊叹
混雑(こんざつ)①	[名・自サ]混杂
お握り(おにぎり)②	[名]饭团
母(はは)①	[名]母亲
作る(つくる)②	[他五]制作,制造
行き方(いきかた)④	[名]走法,去法
丁寧(ていねい)①	[形動]认真,仔细,郑重
説明(せつめい)⓪	[名・自サ]说明
帰る(かえる)①	[自五]返回,归来,回去
夏季(かき)①	[名]夏季
開催(かいさい)⓪	[名]举办
パンデミック④③	[专](全球性)流行病
影響(えいきょう)⓪	[名]影响
早起き(はやおき)②	[名]早起
大変(たいへん)⓪	[形動]够呛,了不得,重大

续表

表記/読み/アクセント	品詞/意味
目覚まし(めざまし)⓪	[名]叫醒,闹钟
駄目(ダメ)⓪	[形動]不行,不可以,办不到
多分(たぶん)①	[副]也许,可能
起こす(おこす)②	[他五]叫醒
京葉線(けいようせん)⓪	[专]京叶线
動く(うごく)②	[自五]动,活动,移动
本数(ほんすう)③	[助数]次数,班数
賑わう(にぎわう)③	[自五]热闹,繁盛,兴隆
アトラクション③④	[名]节目,娱乐项目
並ぶ(ならぶ)②	[自五]排队,并列,摆放
乗り物(のりもの)⓪	[名]交通工具
ファストパス④	[名]优先入场券
一番(いちばん)⓪	[副]最,第一
楽しみ(たのしみ)③④	[名]乐趣,愉快,期盼
パレード②①	[名]盛装游行队伍
ビックサンダー・マウンテン④+②	[专]大雷山
最中(さいちゅう)①	[名]进行当中
最高(さいこう)⓪	[副]最棒,最好
スペース・マウンテン②⓪+②	[专]飞跃太空
ファンタジーランド⑥	[专]梦幻乐园
シンデレラじょう⑥	[专]灰姑娘城堡
お姉さん(おねえさん)②	[名]姐姐
結婚式(けっこんしき)③	[名]婚礼
挙げる(あげる)⓪	[他下一]举办
羨ましい(うらやましい)⑤	[形]羡慕
園内(えんない)①	[名]园内
モノレール③	[名]单轨列车
歩く(あるく)②	[自五]走路,步行
素晴らしい(すばらしい)④	[形]出色,绝佳,超常的
夢(ゆめ)②	[名]梦想
魔法(まほう)⓪	[名]魔法
国(くに)⓪	[名]国度,国家
自由(じゆう)②	[名/形動]自由

续表

表記/読み/アクセント	品詞/意味
行動(こうどう)⓪	[名・自他サ]行动
自由行動(じゆうこうどう)④	[名]自由活动
夕方(ゆうがた)⓪	[名]傍晚
集合(しゅうごう)⓪	[自サ]集合
夜(よる)①	[名]晚上,夜里
ミッキーマウス⑤	[专]米老鼠
遊ぶ(あそぶ)⓪	[自五]玩乐,游玩

V. 学習ポイント解釈

1. ［名］(主格)が～

根据谓语的种类不同,日语的句子可以分为名词句、形容词句、动词句。另外,根据句子的意思不同,日语的句子可以分为现象句和判断句。「名詞が～」是句子的主格,是句子后半部分内容所指定的行为主体。

◆ 昨日 地震が ありましたから、ビルが 揺れて いました。(昨天地震了,大楼摇晃了。)

◆ 2020年夏季オリンピックが 東京で 開催されました。(2020年奥林匹克运动会是在东京举办的。)

2. ［名］(主題)は～

助词「は」有很多用法。当「は」与表示动作对象的名词连接时,名词在句中做句子的主题。如,下列句子中的「昼ご飯」「ファストパス」,分别是「食べますか」「もらいましょう」的动作对象,本应该用助词「を」表示的。这里用「は」表示,起提示主题的作用。

◆ 昼ご飯は どこで 食べますか。(午饭在哪里吃啊?)

◆ ファストパスは 朝の うちに もらいましょう。(早上就拿优先入场券吧。)

3. ［形］く/［形動］に ［動］ます

(1) 形容词修饰动词的方法是将词尾的「い」改成「く」,然后连接动词,表示动作的性质或状

态。如：早い → 早く。

◆ 今日は 早く 帰ります。

（2）形容动词修饰动词的方法是将词尾的「だ」改成「に」，然后连接动词，表示动作的状态或状况。如：丁寧だ → 丁寧に。

◆ 上原さんが 丁寧に 説明しました。（上原小姐作了很详细的说明。）

4. ［名］（期間）に 回数

表达在某一期间内的动作频率或次数时，需要在表示期间的词之后加上格助词「に」。如：

◆ オリンピックは 4年に 1度です。（奥林匹克运动会每4年举办一次。）

◆ 朝は 4、5分に 1本の 間隔です。（早上一班间隔4、5分钟。）

表示一定时间基准的「1日に」「1週間に」「1ヶ月に」「1年に」也可以用简略的形式「日に、週に、月に、年に」进行表达。但是，「1時間に」「1分間に」的数词不能省略，不可以用「時間に」「分に」「分間に」的形式进行表达。

1日に	3回	日に	3回
1週間に	3回	週に	3回
1ヶ月に	3回	月に	3回
1年に	3回	年に	3回
1時間に	3回	×時間に	3回
1分間に	3回	× 分に	3回

5. ［動］ましょう

「动词＋ましょう」是动词「マス形」的变化之一，表示提议，希望对方赞同自己的意见并和自己一起进行某种动作或行为。

◆ 近いから、歩きましょう。（这么近，步行吧。）

◆ 夜、いっしょに ミッキーマウスの パレードを 見ましょう。（晚上一起看米老鼠的彩车游行吧。）

6. 〜が、〜（順接）

第10课我们学习了助词「が」在句尾表示逆接、起转折作用的用法。根据说话人的意图，「が」

在句尾还可以表示顺接、起铺垫的作用，口语中常用「けど」表示。如：

◆ あのう、おにぎりが　ありますが、食べませんか。（哦，这里有饭团，吃吗？）

◆ 人気の　乗り物は　2時間以上　かかりますが、ファストパスで　乗りましょう。（热门的项目要排队两个小时以上，我们去领优先入场券再乘坐吧。）

◆ 園内まで　モノレールも　ありますが、どう　しましょうか。（可以乘坐单轨列车到迪士尼乐园里，我们要坐吗？）

練習A　文法練習

一、［例］　上原さん/宿題/します

　　→　上原さんが　宿題を　しました。

1. 劉さん/シンデレラ城/行きます　　2. 橋本さん/タクシー/呼びます
3. 王先生/新聞/読みます　　　　　　4. 母/おにぎり/作ります

二、［例］　昼ご飯/食堂/食べます

　　→　昼ご飯は　食堂で　食べました。

1. おにぎり/母が/作ります　　　　　2. 部屋/劉さんが/掃除します
3. 黒板/みんなで/拭きます　　　　　4. 新聞/毎朝/読みます

三、［例］　きれい/書きます

　　→　きれいに　書いて　ください。

1. 詳しい/説明します　　　　　　　　2. 丁寧/説明します
3. 楽しい/遊びます　　　　　　　　　4. 静か/歩きます

四、［例］　週/2/水泳します。

　　→　週に　2回　水泳します。

1. 月/2/映画を見ます　　　　　　　　2. 年/1/帰国します

3. 3ヶ月/1/旅行します　　　　4. 週/1/ジョギングします

五、[例]　授業を/始めます

→　授業を　始めましょう。

1. 日本に/留学します　　　　2. アメリカに/旅行します

3. 公園を/散歩します　　　　4. タクシー/呼びます

練習B　会話練習

一、[例]　お名前/大きい/書きます/読み方/小さい

A:お名前は　大きく　書いて　ください。

B:はい、分かりました。

A:でも、読み方は　小さく　書いて　ください。

B:そうですか。わかりました。

1. 今日/早い/帰ります/明日/早い/出勤します

2. 休みの　日/自由/遊びます/学校の　日/まじめ/勉強します

3. スマホ/安い/売ります/プラン料金/高い/設定します

4. 爪/短い/切ります/化粧/濃い/します

二、[例]　夏休み/沖縄/1回

A:夏休みは　どこへ　行きますか。

B:沖縄へ　行きます。

A:沖縄は　1年に　何回ぐらい　行きますか。

B:そうですね。1年に1回ぐらいです。

1. 今度の　日曜日/横浜/3回

2. 春休み/京都/1回

3. 夏休み/北海道/2回

4. 冬休み/ハワイ/1回

三、[例] 昼ご飯/食べます/食堂

　　A:昼ご飯は　どこで　食べますか。

　　B:食堂で　食べます。

　　A:いっしょに食べませんか。

　　B:はい、いっしょに食べましょう。

1. 歌/歌います/カラオケボックス

2. 日本語/勉強します/図書館

3. ジョギング/します/中央公園

4. 水泳/泳ぎます/スポーツセンター

四、日汉翻译

1. 早く　して　ください。吉本先生が　教室の外で　待って　いますよ。

2. 昼ご飯は　いつも　友達と　いっしょに　食べます。

3. 上原さんの　バッグは　いつも　色々な　キャラクターで　かわいく　飾って　います。

4. 王先生は　年に　2回　日本に　行きます。

5. みんなで　交通ルールを　守りましょう。

6. すみません、あした　会議が　ありますから、先に　帰ります。

五、汉日翻译

1. 昨天没有下雪，也没有下雨。

2. 那里有棵树吧，那棵树有三百多年了。

3. 早上，大家都走得很快。

4. 藤原君每周有三天要打工。

5. 明年毕业，一起去日本留学吧？

6. 对不起，现在几点了？

扩展单词

呼ぶ(よぶ)⓪	叫	詳しい(くわしい)③	详细的
旅行(りょこう)⓪	旅行,旅游	名前(なまえ)⓪	名字,姓名
出勤する(しゅっきんする)⓪	上班	売る①	卖
プラン①	计划,方案	料金(りょうきん)①	费用
設定(せってい)⓪	设定	爪(つめ)②	指甲
短い(みじかい)③	短的	切る(きる)①	切,剪
化粧(けしょう)②	化妆	濃い(こい)①	浓的
春休み(はるやすみ)③	春假	冬休み(ふゆやすみ)③	寒假
歌(うた)②	歌曲	歌う(うたう)⓪	唱歌
カラオケ⓪	卡拉OK	交通(こうつう)⓪	交通
ルール①	规则	守る(まもる)②	守护
公園(こうえん)⓪	公园	スポーツセンター⑤	体育场馆
木(き)①	木,树木		

理解当代中国

  2016年6月16日正式开园的上海迪士尼乐园,是一座具有纯正迪士尼风格并融汇了中国风的主题乐园。在上海迪士尼的各个景点,中国元素无处不在。标志性的景点"奇幻童话城堡"高处尖顶缀有传统中国祥云、牡丹、莲花及上海市花白玉兰等元素;中式餐厅漫月轩更是继承了传统中式建筑风格;而在"奇想花园",迪士尼标志性的旋转木马全由中国手工艺匠人精心打造,充分展现了"原汁原味迪士尼,别具一格中国风"的理念。

  https://www.shanghaidisneyresort.com/根据上海迪士尼乐园官方网站资料撰写

第15課
だい じゅうご か

漢字は 易しいですが、かなは 難しいです
かんじ　　　やさ　　　　　　　　　　　　　むずか

> 小刘一行明天就要回国了。晚上，在东京时尚艺术学院附近的居酒屋里召开了一个小型欢送会。

I. 学習ポイント

1. 上原さんは 毎朝 パンを 食べて、牛乳を 飲みます。（並列）

   劉さんは バッグを 持って、部屋を 出ました。（連続）

   みなさんは 電車に 乗って、ディズニーランドへ 行きました。（方法・順序）

   劉さんは ホテルの トイレを 使って、びっくりしました。（理由）

2. 二十歳未満の 人は お酒を 飲まないで、ジュースを 選んで ください。

3. 東京モダン芸術学院は メークアップが 有名です。

4. 漢字は 易しいですが、かなは 難しいです。

5. 藤原君は ラインで 去年の 受賞者と 交流して います。

6. 研修レポートは もう 王先生に 提出しました。

7. 王先生は まだ 帰って いません。

8. 動詞の「未然形」(「ナイ形」)

II. 基本会話

1. A：東京ホテルの トイレを 使って、びっくりしました。

   B：どうしてですか。

   A：便座の カバーが 自動で 上がりましたから。

   B：あ、フルオート便座ですね。

2. A：劉さん、まず 飲み物を 決めて ください。

   B：はい。

   A：でも、二十歳未満の 人は お酒を 飲まないで、ジュースを 選んで くださいね。

   B：はい。分かりました。

3. A：上原さん、優勝 おめでとうございます。

   B：ありがとうございます。

   A：上原さんは ヘアメークが 本当に 上手ですね。

   B：いいえ。みなさんの おかげです。

   A：さすが 東京モダン芸術学院は メークアップが 有名ですね。

4. A：みなさんは 日本語が とても 上手です。日本語は 難しいでしょう？

   B：はい、漢字は 易しいですが、かなは 難しいですね。

   A：そうですか。ひらがなですか、カタカナですか。

   B：カタカナです。

A：そうですね。カタカナ語は 外来語が 多いですから、日本人も ときどき 分かりませんよ。

5. A：藤原君は 中国語の 発音が きれいですね。どこで 勉強しましたか。

B：いいえ、まだまだです。ときどき ラインで 去年の 受賞者と 会話して います。

A：ラインですか。わたしも 使って います。これから 藤原君と ラインを しましょう。

B：はい。じゃ、さっそく つなげましょう。

6. A：劉さん、これは わたしの レポートです。

B：あ、研修 レポートは もう 王先生に 提出しました。直接 先生に 出して ください。

A：はい。提出が 遅れて、すみません。王先生は もう 帰りましたか。

B：いいえ。まだ 帰って いません。教室に います。

III. 応用会話

（在居酒屋。）

店員さん：みなさん お飲み物は もう 決まりましたか。

藤原君：あ、まだです。ええと、ビール、ワイン、カクテル、いろいろ ありますね。

吉本先生：あのう、二十歳未満の 人は お酒を 飲まないで、ジュースを 選んで くださいね。

上原さん：はい。じゃ、ウーロン茶を ください。

劉さん：コーラを ください。氷を 入れないで ください。お願いします。

（飲料上齐了。）

橋本さん：それでは お集まりの みなさんの ご健勝と 今後の ご活躍を 祈って、乾杯！

みなさん：乾杯！

橋本さん：では、しばらく 楽しんで ください。

（交谈了一会儿。）

王　先生：上原さん、全日本カップの　優勝　おめでとうございます。

上原さん：ありがとうございます。

劉　さん：上原さんは　ヘアメークが　本当に　上手ですね。

上原さん：いいえ。先生と　みなさんの　おかげです。

李　君：さすが　東京モダン芸術学院は　メークアップが　有名ですね。

吉本先生：みなさんは　日本語が　とても　上手です。日本語は　難しいでしょう？

李　君：はい、漢字は　易しいですが、かなは　難しいですね。

吉本先生：そうですか。ひらがなですか、カタカナですか。

李　君：カタカナです。

吉本先生：そうですね。カタカナ語は　外来語が　多いですから、日本人でも　ときどき　分かりませんよ。

橋本さん：日本の　感想は？

李　君：ゴミ箱が　少ないですが、街が　きれいです。電車も　いろいろ　あります。先日、江ノ島の　モノレールに　乗って、驚きました。

劉　さん：カーブが　多いですから、車両が　空中に　ぶら下っていて、ジェットコースターの　感じです。

吉本先生：そうですか。

劉　さん：わたしは　ホテルの　トイレを　使って、びっくりしました。

吉本先生：どうしてですか。

劉　さん：便座の　カバーが　自動で　上がりました。

吉本先生：あ、いいホテルに　泊まって　いますね。

劉　さん：ところで、藤原君は　中国語の　発音が　きれいですね。どこで　勉強しましたか。

藤原君：いいえ、まだまだです。学校で　第二外国語を　履修しましたが、今は　ときどき　ラインで　去年の　受賞者と　会話して　います。

劉　さん：わたしも　ラインを　使って　います。これからは　ラインで　話しましょう。

藤原君：はい。じゃ、僕の ID を 教えますから、つなげて ください。日本では ラインが 普通ですが、中国では 微信が 人気ですよね。

劉さん：はい。そうです。

橋本さん：なかなか 有意義な 交流ですね。

吉本先生：もう そろそろ お開きの 時間です。橋本さんに 一本締めを お願いします。

橋本さん：はい。それでは、宴もたけなわでは ございますが、ここで 一度 お開きを します。
わたしは「よーお」の 合図を 出しますから、みなさんは パンパンパン パンパンパン パンパンパン パン 10回 手を 叩いて ください。分かりましたか。

みなさん：はい。分かりました。

橋本さん：それでは 皆さんの 今後 ますますの ご発展と ご健勝を 祝して、一本締めで 締めます。よーお。

みなさん：(一斉拍手)パンパンパン パンパンパン パンパンパン パン。

橋本さん：ありがとうございました。

Ⅳ. 新しい単語

表記/読み/アクセント	品詞/意味
牛乳(ぎゅうにゅう)⓪	[名]牛奶
バッグ①	[名]包,袋,手提包,挎包
持つ(もつ)①	[自他五]拿,带,持有
使う(つかう)⓪	[他五]使用,利用
二十歳(はたち)①	[名]二十岁
未満(みまん)①	[名]不满,不到
酒(さけ)⓪	[名]酒
ジュース①	[名]果汁
上手(じょうず)③	[形動]擅长,拿手

续表

表記/読み/アクセント	品詞/意味
メークアップ④	[名]化妆,彩妆,美容
受賞者(じゅしょうしゃ)②	[名]获奖者
交流(こうりゅう)⓪	[名・他サ]交流
研修(けんしゅう)⓪	[名・自サ]进修,培训
レポート②	[名]报告,调查报告
提出(ていしゅつ)⓪	[名・他サ]提交
飲み物(のみもの)③②	[名]饮料
便座(べんざ)⓪	[名]坐便器
カバー①	[名]盖子,套子
上がる(あがる)⓪	[自五]上升,升起
フルオート③	[名]全自动
ヘアメーク③	[名]美发
お蔭(おかげ)⓪	[名]幸亏,受帮助,托福
さすが⓪	[副]真不愧,到底是,的确
外来語(がいらいご)⓪	[名]外来语
中国語(ちゅうごくご)⓪	[名]中文,汉语
発音(はつおん)⓪	[名・他サ]发音
会話(かいわ)⓪	[名]会话,交谈,通话
早速(さっそく)⓪	[副]立刻,马上
繋げる(つなげる)⓪	[他下一]连接,连上,串上
直接(ちょくせつ)⓪	[副]直接
出す(だす)①	[他五]提交,交出,拿出
遅れる(おくれる)⓪	[自下一]延迟,延误,落后
決まる(きまる)⓪	[自五]定下,决定
ビール①	[名]啤酒
ワイン①	[名]葡萄酒
カクテル①	[名]鸡尾酒
ウーロン茶(ウーロンちゃ)③	[名]乌龙茶
コーラ①	[名]可乐
氷(こおり)⓪	[名]冰块
集まる(あつまる)③	[自五]聚集,集中,集合
健勝(けんしょう)⓪	[形动]健康,健壮

续表

表記/読み/アクセント	品詞/意味
今後(こんご)⓪	[名]今后
活躍(かつやく)⓪	[名・自サ]活跃,大显身手
祈る(いのる)②	[名・他五]祈祷,祝愿,祈盼
乾杯(かんぱい)⓪	[名・动(サ)]干杯
暫く(しばらく)②	[副]片刻,一会儿,暂且
楽しむ(たのしむ)③	[自他五]享受,感到愉快,乐
感想(かんそう)⓪	[名]感想
ゴミ箱(ゴミばこ)③⓪	[名]垃圾箱
モノレール③	[名]单轨列车
驚く(おどろく)③	[自五]吃惊,感到惊讶
車両(しゃりょう)⓪	[名]车厢
空中(くうちゅう)⓪	[名]空中
ぶら下がる(ぶらさがる)⓪④	[自五]垂悬,悬挂
ジェットコースター④	[名]过山车
感じ(かんじ)⓪	[名]感觉,感触
泊まる(とまる)⓪	[自五]外宿,住宿
第二外国語(だいにがいこくご)⓪	[名]第二外语
履修する(りしゅうする)⓪	[他サ]选修课程,学完
教える(おしえる)⓪	[他下一]告诉,教
普通(ふつう)⓪	[名]普遍,一般,普通
微信(ウェイシン/ウィーチャット)③	[名]一种公众社交平台
有意義(ゆういぎ)③	[形动]有意义,有价值
そろそろ①	[副]就要,快要
お開き(おひらき)②	[名]闭会,散会
一本締め(いっぽんじめ)⓪	[名]三、三、四节奏拍手形式的闭会方式
宴たけなわ(えんたけなわ)①+⓪	[名]宴会高潮
合図(あいず)①	[名・他サ]发信号,示意
叩く(たたく)②	[动(他五)]敲打,拍打,拍手
発展(はってん)⓪	[名・自サ]发展
祝す(しゅくす)②	[他五]祝贺,祝愿

V. 学習ポイント解釈

1. 動詞の「未然形」(「ナイ形」)

第7课曾经学过动词连用形「マス形」的否定形式是「～ません」,本课学习动词活用的「未然形」,现代日语的「未然形」主要后续「ない」,表示否定。

动词基本形变成「未然形」的规则如下:

五段动词将「う」段的词尾改成「あ」段假名,加「ない」即可。如:

　　　　　話す　　はなさ＋ない　　はなさない

　　　　　書く　　かか＋ない　　　かかない

　　　　　買う　　かわ＋ない　　　かわない

　　　　　読む　　よま＋ない　　　よまない

一段动词去掉词尾,直接加「ない」即可。如:

　　　　　見る　　みる　　み＋ない　　みない

　　　　　食べる　たべる　たべ＋ない　たべない

カ变动词只有一个「来る」,其「未然形」为こ(ない)。

サ变动词只有一个「する」,其「未然形」为し(ない)。

活用種類	基本形	未然形	ナイ
五段活用	話す	はなさ	ない
	書く	かか	ない
	買う	かわ	ない
	読む	よま	ない
上一段活用	見る	み	ない
	起きる	おき	ない
下一段活用	食べる	たべ	ない
カ行変格活用	来る	こ	ない
サ行変格活用	する	し	ない

2. ［動］て、［動］ます

　　动词句和动词句之间可以用「て」连接。根据句子的前后关系，可以表达动作的"并列""连续""方法或顺序""理由"等。如：

◆ 上原さんは　毎朝　パンを　食べて、牛乳を　飲みます。（上原小姐每天早上吃面包、喝牛奶。）（並列）

◆ 劉さんは　バッグを　持って、部屋を　出ました。（小刘拿起包，出了屋子。）（連続）

◆ みなさんは　電車に　乗って、ディズニーランドへ　行きました。（大家乘电车去迪斯尼乐园。）（方法・順序）

◆ 劉さんは　ホテルの　トイレを　使って、びっくりしました。（小刘用了宾馆的厕所，吓了一跳。）（理由）

3. ［動］ないで、［動］ます

　　动词的「未然形」加"ないで"，表示后续的动作和行为是在"不～的情况"状况下进行的。如：

◆ 二十歳未満の　人は　お酒を　飲まないで、ジュースを　選んで　くださいね。（未满20岁的人不要点酒，请选果汁。）

◆ 氷を　入れないで、その　ままで　お願いします。（请不要放冰，就那样。）

4. ［名1］は　［名2］が～

　　在「～は～が」这一表达形式中，「～は」是句子的主题，「～が」是谓语的对象。在以下例句中，「上手」所表示的对象是「ヘアメーク」，「有名」则是表示「メークアップ」有名。

◆ 上原さんは　ヘアメークが　本当に　上手です。（上原小姐真的很擅长美容美发。）

◆ 東京モダン芸術学院は　メークアップが　有名です。（东京时尚艺术学院的美容是有名的。）

5. ［名1］は～、［名2］は～

　　「は」除了提示主题之外，还可以用来表示对比。当然，对比的句子也有主题的含义。在含有两个以上「は」的句子里，第一个「は」主题性较强，第二个「は」对比性较强。另外，含有「今-昔」「男-女」「今日-明日」等对立概念的句子，往往具有较强的对比性。

◆ 漢字は　易しいですが、かなは　難しいですね。(汉字挺简单的，但假名很难的呀。)

◆ 日本では　ラインが　普通ですが、中国では　微信(ウェイシン)が　人気ですよね。(在日本 Line 较普遍，在中国微信受欢迎吧？)

6. ［名］(相手)と　［動］ます

当某些动作或行为需要另一方共同承担才能实现时，动作或行为的对象用格助词「と」提示。如「結婚」「ケンカ」「会話」「交流」等。

◆ 今は　ときどき　ラインで　去年の　受賞者と　会話して　います。(现在有时用 Line 与去年获奖〈来日〉的学生通话交流。)

◆ 上原さんの　お姉さんの　友達が　アメリカ人と　結婚しました。(上原小姐的姐姐的朋友，与美国人结婚了。)

7. もう＋［動］肯定/否定

副词「もう」表示事物的状态随着时间的变化而发生变化，当它与动词的过去式连接时，表示事态或状态在某一时刻已经完成，相当于汉语"已经……了"的意思。

◆ 研修レポートは　もう　王先生に　提出しました。(实践报告已经提交给王老师了。)

◆ お飲み物は　もう　決まりましたか。(〈喝的〉饮料已经选定了吗？)

当副词「もう」与动词的否定形式连接时，表示事态或状态在某一时刻发生变化后，不再回复到之前的状态，相当于汉语的"已经没有……""不再……"的意思。

◆ テーブルの　上には、もう　何も　ありません。(桌子上已经什么都没有了。)

8. まだ＋［動］否定

「まだ」是一个经常与「もう」相伴出现的副词，与动词的否定式连接，表示还没有达到所询问的内容的程度，是"还没……"的意思。「まだです」则是省略了后续动词否定式的简单说法。文中的「まだです」即是「まだ　決まって　いません」的省略。如：

◆ 王先生は　もう　帰りましたか。(王老师已经回去了吗？)

——いいえ。まだ　帰って　いません。教室に　います。(还没有回去。在教室里。)

◆ お飲み物は　もう　お決まりでしょうか。(〈喝的〉饮料已经选定了吗？)

――あ、まだです。（哦，还没有〈选定〉。）

另外，「まだまだです」则是对对方的表扬表示尚未达到那种程度的谦虚说法。如：

◆ 藤原君は　中国語の　発音が　きれいですね。（藤原君的中文发音非常棒。）

――いいえ、まだまだです。（哪里哪里，还差远了呢。）

練習A　文法練習

一、［例］　劉さん／毎朝／歯を　磨きます／朝ご飯を　食べます

→　劉さんは　毎朝　歯を　磨いて、朝ご飯を　食べます。

1. 上原さん／毎朝／朝ご飯を　食べます／歯を　磨きます

2. 藤原君／毎晩／お風呂を　出ます／ゲームをします

3. 李君／毎日／歩きます／食堂へ　行きます

4. 劉さん／毎週の　金曜日／バスに　乗ります／家に　帰ります

二、［例］　李君／朝ご飯を　食べます／出かけます

→　李君は　朝ご飯を　食べないで、出かけました。

1. 橋本さん／ネクタイを　しめます／出かけます

2. 劉さん／ドアを　閉めます／出かけます

3. 藤原君／窓を　閉めます／寝ます

4. 李君／遊びます／日本語を　勉強します

三、［例］　吉本先生／授業が　厳しい

→　吉本先生は　授業が　厳しいです。

1. 上原／髪の　毛が　長い　　　　　2. 藤原／背が　高い

3. 劉さん／顔が　かわいい　　　　　4. 李君／目が　大きい

四、[例] 9月の　沖縄/暑い/北海道/涼しい

　　→　9月の　沖縄は　暑いですが、北海道は　涼しいです。

1. 中国の　人口/多い/フランスの　人口/少ない

2. 日本語の　発音/簡単/中国語の　発音/難しい

3. 日本の　車/安い/ドイツの　車/高い

4. 金曜日/忙しい/月曜日/暇

五、[例]　劉さん/藤原君/話します

　　→　劉さんは　藤原君と　話して　います。

1. 友達の　姉/中国人/結婚します　　　2. 先生/職員/話します

3. 私/中国の　学生/交流します　　　　4. Aさん/Bさん/ケンカします

六、[例]　晩ご飯/食べます

　　→　晩ご飯は　もう　食べました。

1. バス/行きます　　　　　　　　　　2. 試験/終わります

3. レポート/提出します　　　　　　　4. 劉さん/帰ります

練習B　会話練習

一、[例]　ニュース/見ます/出かけます

→　A:毎日　ニュースを　見ますか。

　　B:はい、見ます。

　　A:いつ　見ますか。

　　B:朝　見ます。毎朝　30分　ニュースを　見て、出かけます。

1. 日本語/勉強します/ジョギングします

2. ジョギング/します/朝ご飯を　食べます

3. シャワー/します/新聞を　読みます

4. 新聞/読みます/朝ご飯を　食べます

二、[例] 日本語/難しい/ひらがな/易しい/カタカナ/難しい

→ A:劉さん、日本語は　難しいですか。

　　B:そうですね。ひらがなは　易しいですが、カタカナは　難しいですね。

　　A:なるほど。

1. 日本料理/好き/さしみ/好き/納豆/好きでは　ない

2. 中華料理/おいしい/広東料理/おいしい/四川料理/辛い

3. 北海道/寒い/冬/寒い/夏/涼しい

4. スポーツ/どう/卓球/得意/野球/苦手

三、[例]　アメリカ人/インターネット

→ A:もしもし、劉です。今　何を　して　いますか。

　　B:あ、劉さん、今　アメリカ人と　ゲームで　対戦して　います。

　　A:アメリカ人? お友だちですか。

　　B:いいえ、ぜんぜん　知らないです。インターネットで　戦って　います。

1. 韓国人/DS　　　　　　　　　　2. 中国人/オンラインゲーム

3. フランス人/DS　　　　　　　　4. イギリス/Wii U

四、[例]　バス/土曜日/終わります

→ A:すみません、バスは　まだ　ありますか。

　　B:今日は　土曜日ですから、もう　終わりました。

　　A:そうですか。ありがとうごきいます。

1. ケーキ/クリスマス/売切れます　　2. ランチ/2時まで/終わります

3. たまご/セール/売切れます　　　　4. 予約番号/5時まで/配ります

五、日汉翻译

1. 橋本さんは　いつも　駅で　新聞を　買って、電車に　乗ります。

2. 授業のとき、ケータイ電話で　遊ばないで、授業を　聞いて　ください。

3. 東京は　空気が　きれいです。

4. 中国は　微信(ウェイシン)が　人気ですが、日本は　ラインが　人気です。

5. 上原さんの　お姉さんの　友達は　アメリカ人と　結婚しました。

6. 劉さんたちは　もう　中国に　帰りました。

7. 王先生は　まだ　日本に　います。

六、汉日翻译

1. 小刘每天早上吃完早餐刷牙。

2. 不要玩游戏，要学日语。

3. 长颈鹿脖子长。

4. 百货店很贵，百元店便宜。

5. 藤原君经常和美国人在网上玩游戏。

6. 上原小姐和藤原君已经毕业了。

7. 小刘还没有对象。

扩展单词

出かける(でかける)⓪	出门,外出	厳しい(きびしい)③	严肃的,严厉的
髪の毛(かみのけ)③	头发	長い(ながい)②	长的
背(せい)①	个子,身高	目(め)①	眼睛
大きい(おおきい)③	大的	車(くるま)⓪	车,车子
ドイツ①	德国	忙しい(いそがしい)④	忙碌的
シャワー①	淋浴	易しい(やさしい)⓪③	简单的
中華(ちゅうか)①	中华,中式	広東(かんとん)①	广东
四川(しせん)③	四川	寒い(さむい)②	冷的
冬(ふゆ)②	冬,冬天	卓球(たっきゅう)⓪	乒乓球
得意(とくい)②⓪	擅长	野球(やきゅう)⓪	棒球
インターネット⑤	因特网,网络	対戦(たいせん)⓪	对抗
戦う(たたかう)⓪	对抗	フランス⓪	法国
イギリス⓪	英国	オンラインゲーム⑥	在线游戏,网游
Wii U(ウィーユー)⓪	任天堂 Wii U 游戏机	売切れる(うりきれる)④	售完,售罄
番号(ばんごう)③	序号	玉子(たまご)②⓪	蛋,鸡蛋
セール①	减价,贱卖	配る(くばる)②	分,分放
キリン⓪	长颈鹿	首(くび)⓪	脖子
デパート②	高级百货店	恋人(こいびと)⓪	恋人

理解当代中国

  汉字是记录汉语的文字,在历史上还用于记录东亚、东南亚部分国家的语言。1981年,日本在《当用汉字表》(1850字)的基础上公布了《常用汉字表》(1945字),并在2010年11月30日经过修订后公布了《修订常用汉字表》(2136字),常用汉字数量呈递增的趋势。自二十世纪五十年代以来,我国对现行汉字进行整理和简化,制定公布了《第一批异体字整理表》《简化字总表》《印刷通用汉字字形表》《现代汉语常用字表》《现代汉语通用字表》等标准。

  (编者撰)

词汇表

あ

～円 6
～階 5
～月 7
～ぐらい 6
～限目 7
～時 6
～人 3,4
～台 6
～達 5
～日 7
～年生 3
～半 7
～風 11
～分 7
～名 6
JR 9
あ 3
合図 15
アイディア 10
アイパッド 4
アイフォン 4
アカデミー賞 12
上がる 15
明るい 10
秋葉原 11
あげる 8
挙げる 14
朝 7
あさって 8
アシスタント 13
あした 8

あそこ 5
遊ぶ 14
暖かい 11
あっ 3
集まる 15
アトラクション 14
アニメソング 11
姉 5
あのう 13
雨 11
アメリカ 5
あらら 14
ある 5
歩く 14
アルバイト 13
あれ 4
案内板 13
いいえ 3
家(いえ) 7
行き方 8
行く 8
いくら 8
衣装 11
以上 7
一番 14
いっしょに 8
五つ 6
一本締め 15
いつも 7
祈る 15
イベント 11
今 7

いる 5
いよいよ 7
いらっしゃる 3
色々 5
飲食店 10
微信（ウェイシン/
　ウィーチャット）15
ヴィーナスフォート 10
ウィンドウズ 6
ウーロン茶 15
上野 8
上原 4
受付 12
受ける 13
動く 13
牛 8
羨ましい 10
うわ 4
運転 9
運転手 9
絵 8
影響 14
ええ 5
ええと 5
えっ 8
映画館 12
英語 13
駅 8
駅員 8
餌 8
エビ 6
偉い 13

選ぶ 11	学生 3	京都 12
エレベータ 5	カクテル 15	ギョーザ 6
宴たけなわ 15	風 11	食いしん坊 6
園内 14	数え方 6	空中 15
おいしい 10	家族 9	クジラ 12
王 3	方 4	グッズ 11
大勢 5	形 9	国 5
オーディション 6	学科 6	暮らし 5
お蔭 15	カップル 9	クリアファイル 11
お蔭様 3	活躍 15	訓練 13
起きる 7	家庭教師 13	芸術 3
遅れる 15	カバー 15	京葉線 14
起こす 14	粥 7	ゲーム 7
教える 15	ガラス 12	ゲームソフト 9
お勧め 12	ガラス 13	劇場 11
オタク 11	軽井沢 8	結構 13
お疲れ様 6	かわいい 12	結婚式 14
落し物 13	韓国 6	月曜日 7
驚く 15	漢字 10	軒 11
お握り 14	感じ 15	元気 3
お姉さん 14	感想 15	研修 15
お開き 15	簡単 10	健勝 15
面白い 9	監督 12	検定 10
親子丼 5	乾杯 15	限定 12
降りる 13	観覧車 10	コ/個 6
オリンピック 14	キー 4	ご〜/お〜 6
	キーホルダー 13	工科 6
か	キティちゃん 10	皇居 10
カード 4	記念写真 13	講師 4
会議室 6	気持ち 8	高層 5
外国人 13	決まる 15	氷 15
開催地 14	君 4	行動 14
改札口 13	金曜日 7	交流 5
買う 8	嫌い 10	コース 6
外来語 15	きれい 9	コーナー 5
会話 15	金額 8	コーラ 15
会話力 10	銀行 5	コスプレ 11
帰る 8	キャラクター 12	国際 5
かかる 8	牛乳 7	此処 5
夏季 14	今日 5	午後 7
鍵 4	教師 3	ご馳走様 7
学院 3	教室 5	子ども 13

ゴミ箱　15	充電器　4	全然　7
混む　12	充電する　13	センター　5
これ　4	シューマイ　6	掃除　13
怖い　14	週末　9	速報　13
今後　15	守衛　5	それ　4
混雑　14	授業　7	それから　8
コンテスト　3	種類　6	そろそろ　6
ゴンドラ　13	祝す　15	孫　4
	受賞　12	
さ	受賞者　6	**た**
最高　14	小学生　12	大学　3
最大　10	賞状　6	体験　11
最中　14	上手　15	大丈夫　6
サイドメニュー　6	上品　9	大好き　8
先　8	照明　13	大体　7
作業員　13	醤油　5	第二外国語　15
酒　15	職員　3	台場　10
さすが　15	食堂　5	大変　7
早速　15	ショッピングモール　10	高い　9
サブカルチャー　11	新幹線　8	宝くじ　12
様　3	シンデレラ城　14	互い　10
サラダ　7	震度　13	たくさん　5
三　3	新聞　7	拓也　4
残念　12	酢　5	たこ焼き　10
ジェットコースター　15	水曜日　7	出す　15
塩　5	スカイツリー　9	多数　6
静か　9	少ない　9	助かる　13
施設　5	*凄い　9	叩く　15
質問　6	寿司　10	建物　5
失礼する　13	鈴木一郎　8	楽しい　10
暫く　15	鈴木翔太　8	楽しみ　14
時間　7	鈴木美咲　8	楽しむ　15
地震　13	素晴らしい　5	多分　14
自動　15	スペース・マウンテン　14	食べる　7
自由　14	スポット　9	偶に　7
自由行動　14	スマホ　7	駄目　14
ジブリ　12	する　7	達磨　8
車掌　9	成都　8	誰　4
写真　10	折角　13	タワー　9
車両　15	説明　14	男性　5
集合　14	全員　3	チーズ　10
ジュース　15	先生　3	近い　9

違う 12	都庁 5	ニュース 7
近く 5	どちら 8	人気 5
チキンナゲット 6	届く 13	ね 3
茶 8	トトロ 12	願い 3
中央線 13	特快 12	寝坊 7
中国語 15	どなた 4	寝る 7
中国人 3	隣 10	登る 13
中国結び 8	土日 7	飲み物 15
直接 15	どのぐらい 8	飲む 7
使う 15	泊まる 15	乗り物 14
疲れ 3	友達 3	乗る 13
作る 8	ドラマ 7	
繋げる 15	撮る 10	**は**
強い 11	取る 10	
連れ 9	どれ 4	はい 3
提出 15	トロフィー 6	倍 9
定食 5	豚カツ 10	入る 11
ディズニーランド 10	どんな 6	博物館 5
丁寧 14		迫力 12
テーブル 5		始まり 7
デザイン 4	**な**	始まる 7
テスト 7	中 5	初めて 3
鉄観音 8	なかなか 12	はじめまして 3
鉄腕アトム 12	長野 8	橋本 3
出る 13	なぜ 9	バス 12
テレビ 7	納豆 10	恥ずかしい 11
電気街 11	夏休み 10 8＊	パスタ 5
電車 8	生クリーム 8	パソコン 6
電車賃 10	並ぶ 14	二十歳 15
天井 12	成田 8	働く 13
展望台 13	なるほど 3	発音 15
トイレ 5	慣れる 13	バッグ 15
度 14	何～ 3	バッテリー 13
同級生 3	何階 5	発展 15
東京 3	ナンバー 4	初乗り 9
どうぞ 3	苦手 10	花 5
豆乳 7	賑やか 9	母 14
遠い 9	肉まん 7	早起き 14
ドーム 12	二泊三日 7	パリ・コレ 6
時々 7	日本語 3	パレード 14
どこ 5	日本人 3	晴れる 11
図書館 5	入試試験 12	～番 4
	入場券 12	パン 7

词汇表 / 175

パンデミック 14	ふわふわ 12	丸い 9
万博 11	ヘアメーク 15	満席 11
パンフレット 8	平日 7	右 5
ピース 6	ベトナム 6	味噌汁 7
ビール 15	部屋 4	三鷹 12
引取 12	勉強 7	ミッキーマウス 14
飛行機 8	便座 15	皆 3
久しぶり 3	便利 11	皆さん 3
ビジネス 6	放映 12	見る 7
美術館 8	防災 13	未満 15
左 5	訓練 13	土産 8
左側 13	防災訓練 13	宮崎 駿 12
左乗り 13	豊富 6	昔 11
ビックサイダー・マウンテン 14	ホームステイ 7	無人 9
	ボール 9	無人自動運転 9
びっくり 14	僕 4	難しい 10
必勝 8	牧場 8	村 11
人 4	北海道 9	メイドカフェ 11
一人 5	ボックス 5	メークアップ 15
一人暮らし 5	ホテル 4	メートル 9
ビル 4	歩道 13	目覚まし 14
昼ご飯 14	殆ど 7	目立つ 13
昼休み 6	ポニョ 12	メトロ 9
広い 10	ほら 5	メニュー 5
ファストパス 14	本 7	目の前 13
ファッション 3	本社 9	木曜日 7
ファッションショー 11	本数 14	持つ 15
ファンタジーランド 14	ほんの 8	モノレール 14
増える 9		もらう 8
福袋 11	**ま**	
不思議 12		**や**
富士山 5	毎週 13	
フジテレビ 9	毎年 6	屋 10
藤原 4	毎日 7	焼き魚 5
二人 5	毎晩 7	野菜 7
普通 8	マイメロディ 10	優しい 9
ブティック 10	前 7	休む 7
ぶら下がる 15	マクドナルド 7	やる 8
ブラジル 5	まず 8	有意義 15
古い 9	町 9	夕方 11
フルオート 15	街 11	優子(上原優子) 4
プレゼント 8	Mac 6	優秀 3
	魔法 14	優秀者 6

優勝者　3
有名　11
ユニーク　9
夢　14
ゆりかもめ　9
揺れる　13
ようこそ　3
横　5
吉本　4
予約　12
よろしく　3
四　4

ら

ラーメン　5
ラー油　6
来週　8
ライブ　11
ライン　4
螺旋状　9
ラッキー　4
ラピュタ　12
ランチ　5
履修する　15
立派　4
劉　3
留学生　5
寮　5
レインボーブリッジ　10
レポート　15
ロボット兵　12
ロマンチック　10

わ

ワイン　15
若い　9
わくわく　7
わざわざ　11
和食　5
わたし　3

拡展単词

第4課

パソコン	电脑
鞄(かばん)	包,挎包
机(つくえ)	书桌
椅子(いす)	椅子
ボールペン	圆珠笔
3DS(スリーディーエス)	任天堂3DS游戏机
本(ほん)	书
パスモ	交通卡
教科書(きょうかしょ)	教科书,教材
建物(たてもの)	建筑物
銀行(ぎんこう)	银行
郵便局(ゆうびんきょく)	邮局
スカイツリー	天空树,新东京电视塔的爱称。
電子辞書(でんしじしょ)	电子词典

第5課

上(うえ)	上
花瓶(かびん)	花瓶
下(した)	下
前(まえ)	前
後ろ(うしろ)	后
中(なか)	中
外(そと)	外
左(ひだり)	左
右(みぎ)	右
横(よこ)	横,旁
隣(となり)	邻,旁
近く(ちかく)	附近
そば	旁边
東(ひがし)	东
西(にし)	西
南(みなみ)	南
北(きた)	北
壁(かべ)	墙,墙壁
新宿駅(しんじゅくえき)	新宿站
ビックカメラ	大型电器店名
ヨドバシカメラ	大型电器店名
ヤマダ電機(でんき)	大型电器店名
ユニクロ	优衣库
マクドナルド	麦当劳

第6課

冷蔵庫(れいぞうこ)	冰箱
～枚(まい)	张,枚
～本(ほん)	根,条
～冊(さつ)	册,本
～匹(ひき)	条(动物)
～頭(とう)	头(动物)
～羽(わ)	只(动物)
パンダ	熊猫
犬(いぬ)	狗
猫(ねこ)	猫
バラ	玫瑰花
～人(にん)	～人(三人或以上)
ミルク	奶,牛奶
ノート	笔记簿,本
学校(がっこう)	学校
～万(まん)	～万
～千(せん)	～千
～百(ひゃく)	～百
ペンギン	企鹅
象(ぞう)	大象

動物園(どうぶつえん)	动物园	おしゃべり	聊天
サル	猴子	中国語(ちゅうごくご)	中文
シカ	梅花鹿	習う(ならう)	学(技能)
リス	松鼠	モデル	模特儿
ハト	鸽子	体育館(たいいくかん)	体育馆
ライオン	狮子	泳ぐ(およぐ)	游,游泳
ウサギ	兔子	聞く(きく)	听,问
台(だい)	辆		
〜数人(すうにん)	〜多人	**第8課**	
家(うち)	家	金魚(きんぎょ)	金鱼
		お小遣い(おこづかい)	零用钱
第7課		宿題(しゅくだい)	家庭作业
読む(よむ)	读	ページ	页
書く(かく)	写	音読(おんどく)	朗读
来る(くる)	来	会う(あう)	见面
私達(わたしたち)	我们	別れる(わかれる)	分别
仕事(しごと)	工作	結婚する(けっこんする)	结婚
ガム	口香糖	喧嘩する(けんかする)	吵架,打架
話(はなし)	话	メール	电子邮件
今晩(こんばん)	今晚	ボールペン	圆珠笔
夜(よる)	夜里	教科書(きょうかしょ)	教科书
電気(でんき)	电灯,电器	北海道(ほっかいどう)	北海道
付ける(つける)	点,附着	ハワイ	夏威夷
消す(けす)	关,灭	パリ	巴黎
ドア	门	単語(たんご)	单词
窓(まど)	窗	覚える(おぼえる)	记
開ける(あける)	开	お風呂(おふろ)	盆浴
上着(うわぎ)	上衣		
靴(くつ)	鞋子	**第9課**	
はく	穿(裤、鞋)	料理(りょうり)	菜肴
郵便局(ゆうびんきょく)	邮局	日本料理(にほんりょうり)	日本菜
会議(かいぎ)	会,会议	カバン	包,挎包
スーパー	超市,大卖场	黒い(くろい)	黑的
ご飯(ごはん)	饭	自転車(じてんしゃ)	自行车
歯(は)	牙齿(人)	赤い(あかい)	红的
磨く(みがく)	刷,磨	スーツケース	旅行箱
たばこ	香烟	難しい(むずかしい)	男的
吸う(すう)	吸,抽	ゲーム機(き)	游戏机
弁当(べんとう)	盒饭,便当	洋服(ようふく)	洋服
作る(つくる)	做	シンプル	简洁
ジョギング	慢跑	甘い(あまい)	甜的
父(ちち)	父,爸爸	辛い(からい)	辣的

多い(おおい)	多的	タクシー	出租车
雪祭り(ゆきまつり)	冰灯会	エアコン	空调
		閉める(しめる)	关闭

第10課

牛丼(ぎゅうどん)	牛肉盖浇饭	卒業する(ごうかくする)	毕业
まずい	难吃,不妙	チケット	入场券
ケーキ	蛋糕	スケジュール	日程表
便利(べんり)	方便,便利	鉛筆(えんぴつ)	铅笔
速い(はやい)	速度快	筆(ふで)	毛笔
暇(ひま)	空闲	チケット	入场券
温泉(おんせん)	温泉	地下鉄(ちかてつ)	地铁
		座る(すわる)	坐
		ローソン	罗森方便店
		アンケート	问卷调查
		高校(こうこう)	高中

第11課

一昨日(おととい)	前天
先週(せんしゅう)	上周
先月(せんげつ)	上个月
去年(きょねん)	去年
暑い(あつい)	天气炎热
涼しい(すずしい)	天气凉爽
花屋(はなや)	鲜花店
百円ショップ(ひゃくえん)	百元商店
香水(こうすい)	香水
風邪(かぜ)	感冒
友達	朋友

第14課

呼ぶ(よぶ)	叫,叫车
詳しい(くわしい)	详细的
旅行(りょこう)	旅行,旅游
名前(なまえ)	名字,姓名
出勤する(しゅっきんする)	上班
売る	卖
プラン	设计组合
料金(りょうきん)	费用
設定(せってい)	设定
爪(つめ)	指甲
短い(みじかい)	短的
切る(きる)	切,剪
化粧(けしょう)	化妆
濃い(こい)	浓的
春休み(はるやすみ)	春假
冬休み(ふゆやすみ)	冬假
歌(うた)	歌曲
歌う(うたう)	唱歌
カラオケ	卡拉OK
交通(こうつう)	交通
ルール	规则
守る(まもる)	守护
公園(こうえん)	公园
スポーツセンター	体育场馆
木(き)	木,树木

第12課

雪(ゆき)	雪
映画(えいが)	电影
漫画(まんが)	漫画
咲く(さく)	花开
コンサート	音乐会
みかん	桔子
合格する(ごうかくする)	合格
パーティー	聚会
ピクニック	郊游
研修(けんしゅう)	实习
バーゲンセール	大甩卖
ビール	啤酒

第13課

話す(はなす)	说,说话
暗い(くらい)	灰暗的

第 15 課

出かける(でかける)	出门,外出	得意(とくい)	擅长
厳しい(きびしい)	严肃的,严厉的	野球(やきゅう)	棒球
髪の毛(かみのけ)	头发	インターネット	因特网,网络
長い(ながい)	长的	対戦(たいせん)	对抗,对局
背(せ)	个子,身高	戦う(たたかう)	对抗
目(め)	眼睛	フランス	法国
大きい(おおきい)	大的	イギリス	英国
車(くるま)	车,车子	オンラインゲーム	在线游戏,网游
ドイツ	德国	Wii U(ウィーユー)	任天堂游戏机
忙しい(いそがしい)	忙碌的	売切れる(うりきれる)	售完,售罄
シャワー	淋浴	番号(ばんごう)	序号
易しい(やさしい)	简单的	玉子(たまご)	蛋,鸡蛋
中華(ちゅうか)	中华,中式	セール	减价,贱卖
広東(かんとん)	广东	配る(くばる)	分,分放
四川(しせん)	四川	キリン	长颈鹿
寒い(さむい)	冷的	首(くび)	脖子
冬(ふゆ)	冬,冬天	デパート	高级百货店
卓球(たっきゅう)	乒乓球	恋人(こいびと)	恋人

语法表

第3課
1. ［人］は　［名］です
2. ［人］は　［名］では　ありません
3. ［人］は　［名］ですか
4. ［名1］の　［名2］(所属・所有・内容)です
5. ［人］も　［名］です
6. ［名1］と［名2］です

第4課
1. ［これ/それ/あれ］は　［名］です
2. ［この/その/あの］+［名1］は　［名2］です
3. ［名1］の　［名2］(所有)です
4. ［名1］は　［名2］で、［名3］です
5. ［名1］は　［名2］のです

第5課
1. ［ここ/そこ/あそこ］は　［名］です
2. ［名(場所)］に　［名］が　あります
3. ［名(場所)］に　［名］が　います
4. ［名］は　［名(場所)］に　あります
5. ［名］は　［名(場所)］に　います
6. ［名1］や　［名2］(など)

第6課
1. ［名］が/は　［数］　あります/います
2. ［(誰/何/どこ)疑問詞］も　ありません/いません
3. ［名］/［数］も　あります/います(3級)
4. ［名］/［数］しか　ありません/いません
5. ［名1］(時間)から　［名2］(時間)まで
6. ［数詞+助数詞］で　～円

第7課
1. 今　～時～分です
2. 今日は　～月～日、～曜日です
3. ［名］(日時)に　［動］ます
4. ［名］(対象)を　［動］ます/ません
5. ［名］(場所)で　［動］ます/ません
6. ［名］(期間)　［動］ます/ません

第8課
1. ［人1］が　［人2］に　［名詞］を　あげます/やります
2. ［人1］が　［人2］に　［名］を　もらいます
3. ［名］(場所)へ　行きます/来ます
4. ［名1］(場所)から　［名2］(場所)まで
5. ［人］と　いっしょに　［動］ます/ません
6. ～。それから～

第9課
1. ［名］は　［形］/［形動］です
2. ［名］は　［形］く　ありません/［形動］では　ありません
3. ［名］は　［形］/［形動］+［名］です
4. あまり　［形］く　ありません/［形動］では　ありません
5. ［形］のは/［形］なのは～

第10課
1. ［形］くて/［形動］で
2. ～が、～
3. そして、～
4. しかし、～
5. ［名1］も　［名2］も～

第 11 課
1. ［形］かったです／く　なかったです
2. ［形動］でした／では　ありませんでした
3. ［名］でした／では　ありませんでした
4. ［名］を　［数量］［動］ます
5. でも、～

第 12 課
1. ～から、～
2. ［動］ませんか
3. ［動］／［形］／［形動］／［名］＋でしょう
4. ［名］だけ
5. ［名］を　ください

第 13 課
1. ［動］て　ください
2. ［動］て　います(進行・状態)
3. ［名］(場所)に　［動］ます(着落点)
4. ［名］(場所)を　［動］ます(範囲内の移動)
5. ［名］(物)で　［動］ます(道具・手段・材料)

第 14 課
1. ［名］(主格)が～
2. ［名］(主題)は～
3. ［形］く／［形動］に　［動］ます
4. ［名］(期間)に　回数
5. ［動］ましょう

第 15 課
1. ［動］て、［動］ます
2. ［動］ないで、［動］ます
3. ［名1］は　［名2］が～
4. ［名1］は～、［名2］は～
5. ［名］(相手)と　［動］ます
6. もう＋［動］肯定／否定
7. まだ＋［動］否定